ANDY STANLEY

EL LÍDER DE LA PRÓXIMA GENERACIÓN

ELEMENTOS ESENCIALES PARA LOS FORJADORES DEL FUTURO

EDITORIAL UNILIT

SEPA
Spanish Evangelical Publishers Association

Publicado por
Editorial Unilit
Miami, Fl. 33172
Derechos reservados

© 2003 Editorial Unilit (Spanish translation)
Primera edición 2003

© 2003 por Andy Stanley
Originalmente publicado en inglés con el título: *Next Generation Leader, The*
por Multnomah Publishers, Inc.
204 W. Adams Avenue, P. O. Box 1720
Sisters, Oregon 97759 USA
Todos los derechos reservados.

Todos los derechos de publicación con excepción del idioma inglés son
contratados exclusivamente por GLINT, P. O. Box 4060, Ontario, California
91761-1003, USA.
(All non-English rights are contracted through:
Gospel Literature International,
PO Box 4060
Ontario, CA 91761-1003, USA.)

Traducido al español por: Carolina Galán de Jackson

Las citas bíblicas se tomaron de *La Santa Biblia, Nueva Versión Internacional*
© 1999 por la Sociedad Bíblica Internacional; y *Dios Habla Hoy*, la Biblia
en Versión Popular © 1966,1970,1979 por la Sociedad Bíblica Americana,
Nueva York.
Usadas con permiso.

Producto 495322
ISBN 0-7899-1149-3
Impreso en Colombia
Printed in Colombia

Para mis hijos:

ANDREW, GARRET Y ALLIE

CONTENIDO

Introducción 7

SECCIÓN 1:
COMPETENCIA–HACER MENOS, LOGRAR MÁS

1. ¡Hacemos demasiadas cosas! 15
2. Hagamos bien las cosas 27
3. En busca del sendero 33

SECCIÓN 2:
VALOR–EL VALOR ESTABLECE EL LIDERAZGO

4. El primero. 47
5. A solo un tiro de piedra 55
6. Tres manifestaciones de valor 67

SECCIÓN 3:
CLARIDAD–LA INCERTIDUMBRE EXIGE CLARIDAD

7. El liderazgo a la sombra
   de la incertidumbre 77
8. Se los diré cuando lleguemos 85
9. Cómo resolver la incertidumbre 90

SECCIÓN 4:
ENTRENAMIENTO–EL ENTRENAMIENTO LE PERMITE
AL LÍDER LLEGAR MÁS LEJOS Y MÁS RÁPIDO

10. Escuchar y aprender 101
11. El rey que no escuchó 109
12. Lo que hacen los entrenadores 118

Sección 5:
Carácter—El carácter determina el legado del líder

13. Algo que no es esencial. 131
14. El Rey que siguió. 142
15. El líder digno de seguirse 151
    Epílogo. 161
    Notas 163

INTRODUCCIÓN

Mientras más sepa sobre liderazgo, más rápido crecerá y más lejos llegará como líder. Aprender de las experiencias de otros le permitirá llegar más lejos y con mayor rapidez. Esta es la sencilla verdad que me inspiró a escribir *El líder de la próxima generación*.

Por ser pastor de una iglesia con una edad media de treinta años, me encuentro rodeado de los líderes de la próxima generación: hombres y mujeres que tienen el potencial de darle forma a su generación. Tienen muchas ganas de aprender. Se han comprometido a crecer como personas. Y si se les presenta la oportunidad, tratarán de hacer cosas que mi generación solo llegó a soñar.

El éxito de *North Point Community Church* me ha abierto una ventana a la oportunidad. Por ahora, a un segmento de este grupo tan destacado de hombres y mujeres le interesa lo que yo tenga que decir sobre liderazgo. Así que creo que mi responsabilidad es ofrecer, cada vez que tenga oportunidad, lo aprendido.

Si mucho se les va a exigir a quienes mucho se les ha dado, a mí se me va a exigir mucho porque he recibido mucho en ejemplos, oportunidad y preparación.

Crecí a la sombra de mi padre, Charles Stanley, comunicador de mucho talento y líder de éxito. Sin embargo, a pesar de sus responsabilidades profesionales, nunca faltó a un partido de baloncesto, ni dejó de sacar tiempo para disfrutar de unas largas vacaciones de verano. Y me crió una madre que consideró que su misión en la vida era prepararme para abandonar el nido con la seguridad y las habilidades necesarias a fin de prosperar en este mundo imprevisible.

Cuando tenía catorce años de edad, mis padres prácticamente habían dejado de tomar decisiones por mí, por lo que me forzaban a que yo decidiera por mí mismo y a que viviera con las consecuencias de mi decisión. Nunca me fijaron una hora de llegada a casa. Mi padre me preguntaba a qué hora pensaba llegar a casa y esa era la hora a la que llegaba. Que yo sepa, nunca me esperaron despiertos.

Me dieron muchísima libertad. También me dieron toda la responsabilidad que acompaña esa libertad. Cuando me pusieron la primera multa por exceso de velocidad, apenas dos semanas después que sacara la licencia de conducir, el único comentario que hizo mi padre fue: «A partir de ahora, es mejor que vayas más despacio». No me soltó ningún discurso. No me prohibió conducir. Le pareció que la multa ya era suficiente castigo.

Yo no tenía nada de ángel. En muchos aspectos era el típico hijo de predicador. Aun así mis padres, con gran sabiduría, me dieron muy pocos motivos para rebelarme. En vez de eso, me llenaron de lo que, al volver la vista atrás, me parece que fue una gran cantidad de confianza, una confianza casi ingenua.

Al mirar atrás me doy cuenta que mis padres me educaron para liderar. En términos de los principios y prácticas actuales, más se pescó que se enseñó. No recuerdo ni una sola conversación cuyo tema central fuera el liderazgo. Sin embargo, mediante la visión que proyectaban y las oportunidades que me proporcionaban, se me dio un increíble impulso como líder.

Es por eso que estoy convencido de que mi responsabilidad es pasarle a la generación que me sigue lo que he aprendido sobre el liderazgo. Un hábito de mi vida ha llegado a ser sacar tiempo para la próxima generación: hombres y mujeres competentes que a su debido tiempo me alcanzarán, adelantarán y sustituirán.

Cuando estaba en la universidad, esa próxima generación era la de los estudiantes de secundaria. Cuando estaba en la escuela de postgrado, eran los que aún no se habían graduado. Cuando obtuve mi primer trabajo serio, invertí en hombres jóvenes que se preparaban para el ministerio. Además de eso, pasé diez años asistiendo a reuniones de grupos pequeños con estudiantes de último curso de secundaria. Me dediqué a derramar en sus copas todo lo que pude sacar de la mía.

Ese era mi estilo de vida. Y también para muchos de los que formaban parte de mis grupos. Varios de ellos están en el ministerio a tiempo completo. Uno de ellos es el líder de alabanza de nuestra iglesia. Otro es mi agente de bolsa. Varios son pilotos de aviones; hay otros que tienen sus propias empresas; la mayoría de ellos están casados y con hijos. Hay unos cuantos que desaparecieron del mapa.

Abordo esta tarea de pasarles a otros lo que he aprendido, con el conocimiento pleno de que en un futuro los dones de la próxima generación para este mundo eclipsarán con toda seguridad todo lo que yo puedo ofrecer. Entonces, ese el punto. En el liderazgo el *éxito* consiste en la *sucesión*. Si quien me sigue no es capaz de tomar lo que he ofrecido y construir sobre esa base, he fallado en mi responsabilidad con la próxima generación.

Comencé este proyecto con una serie de preguntas:

1. ¿Cuáles son los principios del liderazgo que me hubiera gustado que me enseñaran cuando era un líder joven?
2. ¿Qué sé ahora que me habría gustado saber entonces?
3. De todo lo que se *podría* decir sobre el liderazgo, ¿qué hay que transmitirles a los líderes de la próxima generación?

Identifiqué cinco conceptos que sirven como un bosquejo de este libro. Estos representan los requisitos mínimos esenciales que deben reunir los líderes de la próxima generación.

1. COMPETENCIA

Los líderes deben canalizar sus energías hacia esas esferas del liderazgo en que es más probable que destaquen.

2. VALOR

El líder de una empresa no siempre es la persona más inteligente ni más creativa del equipo, ni tampoco es necesariamente el primero en reconocer las oportunidades, sino que es el que tiene el valor de iniciar las cosas, de ponerlas en movimiento, de avanzar.

3. CLARIDAD

Las épocas inciertas exigen directrices claras de quienes están en el liderazgo. No obstante, los líderes jóvenes pueden verse tentados a permitir que la incertidumbre *los deje paralizados*. El líder de la próxima generación debe aprender a ser claro aun cuando no esté seguro de las cosas.

4. ENTRENAMIENTO

Quizá sea bueno. Tal vez hasta sea el mejor de todos. Aun así, sin un entrenador nunca llegará a ser tan bueno como podría llegar a ser.

5. CARÁCTER

Es posible que lidere sin carácter, pero no será un líder digno de que lo sigan. El carácter le brinda al líder de la próxima generación la autoridad moral necesaria a fin de reunir las personas y los recursos necesarios para promover una empresa.

Si Dios le ha dotado para liderar, liderará. Nada le detendrá. Y es más que probable que la gente ya haya reconocido su don y se haya puesto en fila para seguirlo. Mi pasión es ayudarle a equiparse con el propósito de que se convierta en un líder cuya vida esté marcada por características que les aseguren a quienes decidan seguirle una experiencia de la que no se arrepentirán, un líder que deje este mundo mejor que como lo encontró.

¿Le parece exagero?

Piense en esto: Habrá personas de su generación que sobresaldrán como líderes en todos los campos: negocios, arte, política, economía, matemáticas, tecnología, medicina, religión. Esos hombres y mujeres forjarán el futuro durante su vida. Nadie sabe quiénes son. Quizá usted se lance al ruedo, perfeccionando sus dones y oportunidades por todo lo que vale la pena. Abrazar esos cinco elementos esenciales le permitirá hacerlo.

Por lo tanto, comencemos.

1

COMPETENCIA

HACER MENOS, LOGRAR MÁS

Capítulo uno

¡HACEMOS DEMASIADAS COSAS!

El secreto de la concentración
es la eliminación.
[Dr. Howard Hendricks]

Es natural y necesario que los líderes jóvenes traten de probarse al hacer todo ellos mismos. Es natural porque como líder, quiere establecer el camino incluso si demuestra que no hay nada detrás de usted. Eso es necesario porque la mayoría de las veces no hay nadie que le ayude. Sin embargo, lo que al principio quizá parezca natural y necesario, al fin y al cabo llegará a limitar su eficiencia.

Quizá los dos secretos mejor guardados del liderazgo sean estos:

1. Cuanto menos haga, más logrará.
2. Cuanto menos haga, más permitirá que logren otros.

Como líder joven, mi mayor error fue permitir que me consumieran el tiempo ciertas cosas que estaban fuera de mi competencia. Durante mis primeros siete años en el ministerio le dediqué una cantidad desmesurada de tiempo a hacer cosas para las que no era bueno, cosas para las que *nunca* seré bueno. Al mismo tiempo, invertí muy poca energía en desarrollar mis puntos fuertes.

Yo soy un buen comunicador. No soy un buen director. Soy bueno en lanzar una visión. No soy bueno en la conservación de los resultados. Sé preparar mensajes. No soy bueno organizando actividades.

Con todo, al principio no hice nada que perfeccionara mis habilidades como comunicador. En vez de eso, pasé muchísimo tiempo tratando de convertirme en un buen director y organizador de actividades. En cuanto a la comunicación, solía descuidarla porque el tiempo que debía haberle dedicado a preparar charlas se iba en otras cosas. Y ese era el único campo que *podía* descuidar.

El problema era que en algún punto del camino me había tragado el mito de que un buen líder tiene que ser bueno en todo. Por lo tanto, actuaba bajo la suposición de que debía convertir mis debilidades en puntos fuertes. Al fin y al cabo, ¿quién iba a seguir un líder que no fuera bueno en todo?

Después de la escuela de posgrado fui a trabajar para mi papá. Como ministro de estudiantes, mis responsabilidades primordiales giraban en torno a desarrollar una estrategia para involucrar estudiantes de segunda enseñanza en la vida de la iglesia.

El hecho de que aquella fuera mi primera oportunidad laboral después de la escuela de posgrado, combinado con la realidad de estar trabajando para mi papá, me lanzó al mundo laboral dispuesto a tener éxito. Me pareció que era necesario ponerme a prueba a mí mismo, trabajando más que todos los que me rodeaban. Llegaba temprano y me marchaba tarde a casa. Estaba en constante movimiento.

Sin embargo, no trabajaba de forma inteligente. Dedicaba la mayor parte de mi tiempo a tareas en las que no era bueno. Ya llevaba ocho años de carrera, cuando me di cuenta de que el valor real de nuestra organización tenía que ver con el contexto de mis habilidades y no con el número de horas que trabajara.

A partir de ese momento comencé a buscar formas de redefinir lo que debía ser mi trabajo, según las cosas para lo que era bueno, en vez de según las que estaba dispuesto a hacer. Me di cuenta de que no tenía ningún sentido que hiciera juegos malabares con ciertas bolas. Cuando por fin reuní el valor suficiente para dejarlas caer al suelo, y mandarlas al rincón, comencé a destacar al jugar con dos o tres bolas, pues me habían creado para mantenerlas en el aire en primer lugar.

Mi éxito atrajo a otros que se habían comprometido a la misma causa. Aunque poseíamos la misma pasión por los estudiantes, teníamos diferentes habilidades. Poco después ya estaban recogiendo las bolas extraviadas que se me habían caído a mí. Las responsabilidades que me negaba a renunciar se convirtieron en oportunidades para otros. Las mismas actividades que me agotaron fueron combustible para otros miembros del equipo.

Por consiguiente, comencé a dedicarme más a las comunicaciones y menos a organizar actividades. Aprendí a pasar casi todo mi tiempo viendo el cuadro general, aunque seguía siendo accesible para los miembros del equipo que estaban más cerca de la acción. Pasé más tiempo estableciendo estrategias y menos tiempo resolviendo problemas. Comencé a tomar más iniciativa en cuanto a lo que aceptaba en mi agenda. Me impulsó más la misión que la necesidad, y ahora deseo ofrecerle esa misma visión, ya que tiene que ver con las cosas que le competen.

HAGA SOLO LO QUE PUEDE HACER

Quizá esto no le parezca realista allí donde está sentado. Tal vez hasta se ría en voz alta. Con todo, una vez que pase el asombro inicial, escríbalo y trabaje hacia esto.

¿Cuáles son las dos o tres cosas de las que usted es el único responsable? De manera específica, ¿qué le encargaron hacer? ¿Qué es el «éxito» para la persona que está en su posición?

Afinemos ahora un poco más. De las dos o tres cosas que para usted definen el éxito, ¿cuáles están en consonancia con sus dones y talentos? De las tareas que se le asignaron, ¿para cuáles tiene talento de forma concreta?

Ahí es donde debe enfocar sus energías. Ese es su lado bueno. Ahí es donde sobresaldrá. En ese contexto más estrecho le añadirá el máximo valor a su organización. El éxito dentro de esa esfera tiene potencial para hacer que le resulte indispensable a su jefe.

Y lo que es mejor, disfrutará de lo que hace.

«¡Eso es imposible!», dirá. «No puedo permitirme el lujo de enfocar mis energías solo en un porcentaje de las responsabilidades que tengo por todas partes».

Quizá todavía no, pero se debe a sí mismo el favor de identificar las esferas en que tiene las mayores probabilidades de tener éxito. Y le debe a su jefe el identificar los campos en que le puede aportar más valor a su organización. No puede dispararle a un blanco hasta que no lo identifica. Nos referimos a una toma de posición, a una perspectiva, a una forma de pensar. Eso es visión. Eso es algo en lo que tiene que trabajar para llevar al grado máximo de su potencial como líder.

Durante la temporada de béisbol de 2001, Greg Maddux, del equipo de los Bravos de Atlanta, tenía un promedio de bateo de 0,253, según la norma profesional. Y, sin embargo, es uno de los jugadores más solicitados en el Campeonato Nacional de Béisbol. ¿Por qué? Porque como lanzador, eliminó a ciento setenta y tres bateadores el año anterior. Su habilidad con un bate no es lo que lo hace indispensable en la alineación, sino su velocidad al lanzar: noventa millas por hora.

¿Debería pasar más tiempo practicando el bateo? Quizá... pero sin duda no debe ser a expensas de sus lanzamientos.

Identifique las esferas en que es más probable que aporte un valor único a su organización, algo en lo que nadie compita con usted, y después fuerce esas habilidades hasta su máximo potencial. Eso es lo que esperaba de usted su jefe al ponerlo en su nómina... Y lo que es más importante, forzarse a sí mismo genera la mayor ganancia y más satisfactoria de las habilidades que le ha otorgado Dios.

Cuando un líder se aleja de su núcleo de capacidades, disminuye su eficiencia como tal. Y lo que es peor, también sufre la eficiencia de todos los demás líderes de la organización. Llegará el momento en que el líder que no lidera desde la «zona» adecuada creará un ambiente poco favorable para otros líderes.

Se lo voy a explicar mejor. Si usamos la escala de liderazgo de John Maxwell, que va del uno al diez, califíquese usted mismo como líder[1]. Si es un líder excepcional, póngase un ocho o un nueve. Si se considera un líder del montón, anótese un cinco o un seis. Para entender mejor la ilustración, digamos que cuando está en lo alto de su juego, es un siete.

El argumento de Maxwell es que los sietes atraerán seguidores que son cincos y seis. Si fuera nueve, atraería a los sietes y a los ochos. En otras palabras, los líderes atraen a otros líderes cuyas habilidades se acercan a las suyas, pero pocas veces las sobrepasan.

Quizá haya pasado por la frustración de trabajar para alguien cuyas habilidades como líder eran inferiores a las suyas. Es probable que poco después comenzara a buscar otro empleo. Por otra parte, tal vez haya tenido la emocionante experiencia de trabajar para líderes cuyas habilidades para el liderazgo eran superiores a las suyas. Quizá en un entorno así usted dio lo mejor de sí mismo.

Ahora bien, volvamos a mi idea. Suponiendo que sea un siete, será mejor cuando está en su zona, es decir, dedicándole su tiempo a las cosas para las que tiene talento natural. En esas situaciones actúa como siete. Y al ser siete, atraerá a cincos y a seis. Y si se siente seguro, también a otros sietes.

Y lo que es más, puede que tenga el potencial de un siete, pero fuera de su campo de capacidad liderará como seis. Si sigue así, perderá la devoción y quizá el respeto de otros seis que haya a su alrededor. Con el tiempo rebajará el nivel de liderazgo de su organización completa, con lo que sufrirá todo el mundo.

Y como pasa con la mayoría de los buenos principios, este último es en cierto modo intuitivo. Eso tiene sentido. Sin embargo, muchos líderes han hecho de tripas corazón, y se han lanzado hacia delante, decididos a hacerlo todo, y a hacerlo bien. Es más, al pensar en las implicaciones de esta idea, es posible que se meta en una batalla del corazón contra la cabeza. No cabe duda de que su corazón salta de emoción al pensar en concentrase en las esferas en que sabe que sobresaldrá. De manera intuitiva, sabe que este es el camino por el que debe ir. Aun así, la cabeza le dice: «Un momento. ¡No es tan fácil!».

Después de desafiar a cientos de líderes a jugar según sus puntos fuertes, he llegado a identificar los cinco obstáculos principales que tiene un líder a la hora de adoptar esta forma de pensar.

1. La búsqueda del equilibrio

Lo primero que a veces impide que los líderes de la siguiente generación jueguen según sus puntos fuertes es que la idea de que lo que es un líder equilibrado suena muy bien si se pone por escrito, y resulta atractiva si viene de detrás de un atril, pero en realidad es un esfuerzo que no vale la pena. Lea biografías de quienes han logrado algo en cualquier campo de la vida y verá una y otra vez que no eran líderes «polifacéticos», sino hombres y mujeres *enfocados* en algo.

En cuestión de organización debemos aspirar al equilibrio, pero no es realista aspirar a este dentro de la esfera de nuestras habilidades personales de liderazgo. Aspirar a ser bueno en todo obliga a un líder a invertir tiempo y energía en aspectos del liderazgo en los que nunca sobresaldrá. Si la persona clave de una organización aspira a eso, les roba en potencia a otros líderes la oportunidad de actuar dando el máximo de sí mismos.

Mi contexto actual para el liderazgo es la iglesia local. Al igual que la mayoría de las iglesias, la nuestra tiene un ministerio que se enfoca de forma exclusiva en estudiantes de secundaria. La persona que asume esa responsabilidad suele ser alguien que se destaca a la hora de dirigir a los demás desde el escenario. Los pastores de estudiantes son con frecuencia individuos dinámicos y con poder de atraer a las masas.

El compañero que ostenta ese cargo en North Point no lo es. Kevin Ragsdale es un gran ejemplo de líder altamente eficiente y enfocado en una única cosa. No obstante, el fuerte de Kevin es la administración. Según reconoce él mismo, Kevin no es una personalidad que destaque en el escenario. En vez de perder el tiempo tratando de ser competente en un campo en el que quizá nunca sobresalga, Kevin ha preparado y aconsejado a un grupo de individuos que son competentes comunicadores y lanzadores de visión.

En otras palabras, Kevin no es bueno en todo en su liderazgo, pero su organización sí lo es. Se enfoca en aquello para lo que tiene talento y ayuda a otros a hacer lo mismo. Por consiguiente, todo el que entra en nuestro ambiente estudiantil se ve gratamente sorprendido por la excelencia de la comunicación, pero también le impresionarán en la misma medida la calidad de la programación y la organización que la apoya.

Si un líder trata de llegar a ser bueno en todo, echa por tierra el coeficiente promedio del liderazgo de la organización, lo que hace bajar el nivel de los líderes que lo rodean. No aspire a ser un líder bueno en todo. En su lugar, descubra su zona y quédese en ella. Luego delegue todo lo demás.

2. Error al distinguir entre autoridad y competencia

La segunda razón por la que los líderes no siempre juegan según sus puntos fuertes es que tienen que distinguir entre autoridad y competencia. Todos los líderes tienen autoridad en sectores que tienen muy poca o ninguna capacidad. Si ejercemos nuestra autoridad en un campo en el que no somos capacidad, podemos hacer descarrilar proyectos y desmotivar a los que tienen esas habilidades de las que carecemos nosotros.

Todos los domingos tengo la autoridad para entrar en el cuarto de control de vídeo y comenzar a dar órdenes. El que yo no tenga ni idea de lo que está pasando allí no hace disminuir mi autoridad. El personal haría lo que les pidiera. Aun así, la producción sufriría terriblemente. Si lo hiciera domingo tras domingo se marcharían nuestros mejores y más brillantes voluntarios. Y con el tiempo nuestro personal pagado, también comenzaría a buscar otra cosa.

No hay necesidad de convertirse en experto, ni tampoco de entender todos los elementos de su organización. Si trata de ejercer autoridad dentro de un departamento que queda fuera de su núcleo de capacidades, entorpecerá todo y a todos los que estén bajo su autoridad. Si no es capaz de distinguir entre autoridad y capacidad, ejercerá su influencia de forma tal que dañará proyectos y personas.

Para decirlo sin rodeos, hay cosas de la que es responsable, pero en las que no debería meter la nariz.

3. Incapacidad de distinguir entre competencias y no competencias

A menudo, los líderes que tienen éxito en un campo dan por sentado su capacidad en arenas donde en realidad no tiene ninguna. Como resultado, dejan escapar oportunidades de reforzar sus puntos fuertes. Como veremos más adelante, el éxito embriaga y las personas embriagadas rara vez se agarran de la realidad. Los líderes de éxito suelen dar por hecho que su campo de competencias es más extenso de lo que es en realidad.

Lo que es peor, cuanto más éxito tenga alguien, menos probable es que nadie le llame la atención sobre este hecho nada agradable. Por lo tanto, a un líder que se considera experto en una esfera, también se le trata con frecuencia como experto en otras.

Los líderes que no están en contacto con sus propias debilidades creen que son tan buenos como todo el elenco de su organización en cada aspecto relacionado con el liderazgo. Incluso, muchos han llegado a tragarse la errónea idea de que los grandes líderes no tienen puntos débiles. Les parece que admitir debilidad haría disminuir su eficiencia. Esos líderes suelen ocultar sus debilidades, si es que alguna vez las llegan a descubrir.

Hace poco me llamó un miembro de la junta directiva de una organización internacional. Quería que le aconsejara cómo abordar un conflicto entre la junta y el fundador de la organización, que también era presidente. El presidente tenía una gran habilidad para transmitir la visión y había obtenido un gran capital para la empresa. Es más, el éxito de esta organización se debía en gran parte a su habilidad de comunicar de manera eficiente a una gran variedad de públicos.

Sin embargo, como hombre de negocios no era nada del otro mundo. La junta quería contratar a un director financiero de primera, pero el presidente creía que él mismo podría continuar supervisando ese aspecto de la organización en su función de presidente. Unos días antes el presidente había tomado decisiones que habían hecho surgir dudas sobre su sabiduría en el campo de los negocios. Todos menos él tenían claro que debía mantenerse fuera de la parte de los negocios, y enfocarse en lo que hizo que en un principio tanto él como la compañía tuvieran éxito. El problema no era su coeficiente de inteligencia, sino su capacidad de perspicacia. Lo que pasaba es que no se daba cuenta.

Por lo general, la falta de habilidad para confesar los defectos personales suele tener sus orígenes en inseguridad de algún tipo. Quizá sea fácil verlo en otros, pero casi imposible verlo en nosotros mismos. Hace falta cierta seguridad en uno mismo para reconocer las debilidades.

Y la verdad es que reconocer las debilidades es un signo de fortaleza. Un líder no resulta menos eficiente por reconocer sus debilidades. Al contrario, en la mayoría de los casos no es más que una forma de expresar que entiende lo que todo el mundo sabe ya desde hace tiempo. Si reconoce sus debilidades ante el resto de su equipo, nunca será una información nueva.

4. CULPA

Hay líderes que no se limitan a desarrollar sus puntos fuertes porque se sienten culpables delegando sus aspectos débiles.

Esta es mi lucha personal. Doy por hecho que a todo el mundo le disgusta hacer las cosas que yo detesto. Durante muchos años me sentí culpable delegando responsabilidades en las que realmente no quería participar. Tardé bastante en darme cuenta de que a los líderes que había a mi alrededor les proporcionaban energía las mismas cosas que a mí me la consumían.

Como mencioné antes, organizar y realizar actividades no es uno de mis fuertes. Todo lo que tenga que ver con organizar me resulta terriblemente estresante. Al principio de mi carrera me disculpaba cuando delegaba la organización de actividades, dando por sentado de forma errónea que a todo el mundo le disgustaba esta clase de cosas tanto como a mí. Y creía que les hacía un favor si asumía las responsabilidades de organizar y realizar actividades.

Por suerte para toda nuestra organización, me di cuenta de que estaba rodeado de líderes cuyas glándulas de adrenalina se desbordaban ante la perspectiva de organizar una actividad. No es solo que fueran buenos en eso, sino que... ¡lo disfrutaban! Ahora me río cuando pienso en lo diplomático que era mi equipo de líderes cuando trataban de apartarme de ciertas actividades.

Recuerde que en su organización todos salen ganando si usted delega responsabilidades que se salen de su campo de competencias. Delegar de forma cuidadosa le permitirá brillar a alguna otra persona de su organización. Su debilidad es la oportunidad de alguien.

5. FALTA DE DISPOSICIÓN PARA QUE SE DESARROLLEN OTROS LÍDERES

El dicho «Si quieres que resulte bien, hazlo tú mismo» encierra cierta verdad. La verdad es que a veces es más fácil y toma menos tiempo hacer las cosas uno mismo que preparar a otros. Con todo, el liderazgo no consiste siempre en que las cosas salgan «bien». El liderazgo consiste en hacer cosas por medio de otros. Los líderes dejan pasar oportunidades de trabajar según sus capacidades porque no se han dado cuenta de que los grandes líderes trabajan por medio de otros líderes, que a su vez trabajan por medio de otros. El liderazgo tiene que ver con multiplicar sus esfuerzos, lo que de forma automática hace que se multipliquen sus resultados.

Cierto autor lo explica de esta forma:

> Todo lo que hacemos lo logramos al delegar, en tiempo o en otros [...] Transferir responsabilidades a otras personas ya preparadas y con habilidades le posibilita dedicar sus energías a otras actividades en que es fuerte. La delegación significa crecimiento, tanto para los individuos como para las organizaciones[2].

Muy de vez en cuando oigo que algún líder se queja de la actuación o competencia de la gente que lo rodea. Si un líder no encuentra a quién pasarle las cosas, ya es hora de que se mire en el espejo. Nunca debemos olvidar que la gente que nos sigue está exactamente en el lugar al que la llevamos. Si no hay nadie en quien podamos delegar es culpa nuestra.

Hay muchos ejemplos de la historia que apoyan la centralidad de este principio catalítico de liderazgo. Todas ilustran el hecho de que uno nunca sabe lo que pende en el equilibrio de la decisión de actuar según sus capacidades.

Aunque parezca mentira, la aplicación prudente de este principio fue lo que posibilitó que la iglesia del primer siglo, que era novata, consolidara sus ganancias y capitalizara en su explosivo crecimiento, sin perder el enfoque ni el impulso.

Capítulo dos

HAGAMOS BIEN LAS COSAS

Tenemos dones diferentes, según la gracia que se nos ha dado.
Si el don de alguien es el de profecía, que lo use en proporción
con su fe [...] si es el de dirigir, que dirija con esmero.

[ROMANOS 12:6, 8]

LOS LÍDERES DE LA IGLESIA DEL SIGLO I no tenían ni modelos que seguir, ni tradiciones de las que sacar algo. Por consiguiente, la única alternativa que tenían era desarrollar la estructura de la iglesia a medida que avanzaban. Como se imaginará, las responsabilidades primordiales del liderazgo recayeron sobre el puñado de hombres que pasaron más tiempo con Jesús. Eso resultó al principio, pero a medida que la iglesia fue creciendo, era imposible que los apóstoles mantuvieran todas las ruedas girando. Esta creciente tensión creó la necesidad de un liderazgo más amplio en la iglesia primitiva

En aquellos días, al aumentar el número de los discípulos, se quejaron los judíos de habla griega contra los de habla aramea de que sus viudas eran desatendidas en la distribución diaria de los alimentos. Así que los doce reunieron a toda la comunidad de discípulos y les dijeron: «No está bien que nosotros los apóstoles descuidemos el ministerio de la palabra de Dios para servir las mesas. Hermanos, escojan de entre ustedes a siete hombres de buena reputación, llenos del Espíritu y de

sabiduría, para encargarles esta responsabilidad. Así noso-
tros nos dedicaremos de lleno a la oración y al ministerio de
la palabra».

Esta propuesta agradó a toda la asamblea. Escogieron a
Esteban, hombre lleno de fe y del Espíritu Santo, y a Felipe, a
Prócoro, a Nicanor, a Timón, a Parmenas y a Nicolás, un
prosélito de Antioquía. Los presentaron a los apóstoles, quie-
nes oraron y les impusieron las manos.

Y la palabra de Dios se difundía: el número de los discí-
pulos aumentaba considerablemente en Jerusalén, e incluso
muchos de los sacerdotes obedecían a la fe. (Hechos 6:1-7)

Resulta difícil imaginarse al apóstol Pedro como mesero,
pero a medida que crecía la iglesia, él y los otros once apóstoles
se vieron en el negocio del servicio de comidas. Había que ocuparse de las viudas de esa iglesia del primer siglo[3]. Alguien tenía
que hacerlo. Y nada les parecía indigno a esos hombres.

Después de todo, ellos eran los sorprendidos al ver detenerse
a Jesús para lavarles los pies. Sabían todo acerca del liderazgo
servicial. Aprendieron del Maestro Siervo en persona. Así que,
si había que dar de comer a las viudas, ¿por qué no adelantarse y
hacerlo?

Sin embargo, al final el trabajo los superó. Cada vez se les iba
más tiempo en actividades administrativas. Y parece que la administración no era algo en lo que fueran excepcionalmente buenos
porque poco después parecía que mostraban preferencias hacia
los judíos hebraicos en la distribución diaria de alimentos[4].

Llegó un momento en que se dieron cuenta de que las cosas
tenían que cambiar. La misión de la iglesia estaba corriendo un
riesgo. Lo principal ya no era *su* principal tarea. Así que hicieron
lo que haría cualquier iglesia que funcione bien: convocaron
una reunión.

Preste atención a la frase con que abrieron la sesión: «No está bien que nosotros los apóstoles descuidemos el ministerio de la palabra de Dios para servir las mesas» (v. 2). Eso es muy fuerte. Dicho con otras palabras: «Si seguimos ocupándonos de las viudas, no hacemos lo que es debido». ¡Espero que no hubiera viudas en la reunión!

Los apóstoles llegaron a entender bastante pronto que tenían que hacer solo lo que podían hacer. Eran los únicos hombres del planeta que estaban equipados para volver a comunicar las enseñanzas de Cristo. Sus experiencias únicas y el acceso ilimitado que tuvieron con el Maestro les ubicaron en posición de ser los únicos portadores del mensaje más importante del mundo.

Dada esa situación tan imperante, no tenían por qué servir a las mesas. Hacerlo habría tenido un impacto negativo en el ímpetu y enfoque de la iglesia. Había llegado el momento de delegar tanto la responsabilidad como la autoridad, a fin de que pudieran seguir haciendo las dos cosas para las que estaban mejor preparados: enseñar y orar.

A diferencia de la iglesia moderna, no pidieron voluntarios, sino que escogieron a siete hombres capacitados para que se ocuparan de la tarea. Al hacer esto no eludían su responsabilidad. Al contrario, realizaban su selección de forma tal que pudieran asegurarse de que el trabajo se haría incluso mejor que antes.

¿Cuál fue el resultado? «Y la palabra de Dios se difundía: el número de los discípulos aumentaba considerablemente en Jerusalén, e incluso muchos de los sacerdotes obedecían a la fe» (Hechos 6:7).

Tres cosas sucedieron como resultado de esta decisión al parecer muy insignificante:

1. La palabra de Dios se extendió.
2. El número de discípulos aumentó con rapidez en Jerusalén.

3. Hubo conversiones de personajes clave de la ciudad.

En pocas palabras, no se distrajeron. Y mientras los apóstoles seguían siendo el centro de la atención, había otros siete hombres que trabajaban entre bastidores para asegurarse de que el dinero y la comida se distribuían con responsabilidad.

¿Era acaso la tarea de esos siete recién llegados menos «espiritual» que la de los apóstoles? No. ¿Era acaso su responsabilidad menos crucial para el éxito de la iglesia? Claro que no. Ambos grupos eran indispensables para el progreso del evangelio. Sin embargo, hasta que no se ubicaron en su debida posición no se sintió en realidad su impulso.

Otra cosa sucedió como resultado de la decisión de los apóstoles de delegar la distribución de la comida. Salieron dos nuevos líderes: Esteban y Felipe. Esteban llegó a ser un poderoso testigo público y más tarde el primer mártir posterior a Pentecostés. Felipe se convirtió en un evangelista viajero. Su ministerio trajo como resultado la conversión de muchos de fuera de la región de Jerusalén, donde seguían enseñando la mayoría de los apóstoles[5]. A esos dos hombres se les dieron sus primeras oportunidades de ministerio como resultado de la decisión de los apóstoles de hacer lo que solo ellos podían hacer.

Ninguno de los doce tenía idea de lo que pendía en el equilibrio de su decisión de dejar de servir las mesas. Todo lo que sabían era que no estaría bien que descuidaran «el ministerio de la palabra». Imagínese lo que habría pasado si esos líderes hubieran seguido sirviendo mesas y no hubieran delegado la responsabilidad de repartir la comida.

Ese mismo principio es válido para usted. Igual que los apóstoles, no tiene idea de lo que depende de su decisión de jugar usando sus puntos fuertes y delegando sus puntos débiles.

Como líder, con dones que Dios le ha dado para hacer bien unas cuentas cosas, no está bien que trate de hacerlo todo.

> Mejore su actuación usando sus puntos fuertes y delegando en los débiles. Esta decisión única le permitirá aumentar su productividad más que ninguna otra cosa que haga como líder.

En una ocasión le oí decir a John Maxwell: «Usted vale más cuando más aporta». Para la salud y el éxito de nuestras organizaciones es vital que como líderes descubramos esa tarea, esa esfera estrecha de responsabilidad donde aportamos más. Y una vez que la encontremos es incluso más vital que nos quedemos allí.

En una carta dirigida a los alumnos de un seminario, el doctor Howard Hendricks subrayó la importancia de este principio:

> Si hay algo que me ha mantenido bien encaminado durante todos estos años ha estado ensartado en este principio de mantenerse enfocado. Hay muchas cosas que puedo hacer, pero las tengo que limitar hasta llegar a esa única cosa que *tengo* que hacer. El secreto de la concentración es la eliminación. (Énfasis añadido)

Cuando evalúe el entorno y las responsabilidades actuales de su liderazgo, ¿qué cree que hay que eliminar? ¿Qué cosas tendrían que delegarse? ¿Qué es lo que «no está bien» que siga haciendo?

CAPÍTULO TRES

EN BUSCA DEL SENDERO

Dedicar un poco de nosotros mismos a todo
significa comprometer a nada una gran
cantidad de nosotros mismos.

NO EXISTE NECESARIAMENTE UNA CORRELACIÓN entre cuán ocupado esté y lo productivo que sea. Estar ocupado no es lo mismo que ser productivo.

Quizá esté ahora más ocupado que nunca. Sin embargo, ¿significa eso que es todo lo productivo que puede ser? Por supuesto que no. Los horarios muy cargados pocas veces equivalen a una máxima productividad. Las personas más productivas que he conocido parecen tener más, no menos, tiempo libre que las personas promedio. En vez de permitir que sus horarios los controlen, son ellos los que controlan sus horarios.

La observación y el análisis confirman que veinte por ciento de nuestros esfuerzos trae como resultado ochenta por ciento de nuestra eficiencia. Richard Koch, en su revolucionaria obra *The 80/20 Principle* [El principio 80/20], documenta esta importante relación:

El principio 80/20 asegura que un mínimo de causas, impulsos o esfuerzos casi siempre conducen a un máximo de los resultados, rendimientos o recompensas. Tomado literalmente, esto significa que, por ejemplo, ochenta por ciento de lo que logre en su trabajo resulta de veinte por ciento del tiempo empleado. Por consiguiente, para todo propósito práctico, cuatro quintas partes de nuestro esfuerzo, una parte dominante, es bastante irrelevante[6].

Si Koch tiene razón, es fundamental que descubramos ese veinte por ciento de lo que hacemos que genera ochenta por ciento de nuestra productividad. Una vez descubierto esto, tenemos que enfocar más de nuestro tiempo y energía en dichas actividades. Ahí es donde reside la clave para lograr el máximo impacto como líder.

Hace varios años llegué a la conclusión de que ochenta por ciento de mi productividad profesional fluía de tres actividades:

- Difusión corporativa de la visión
- Comunicación corporativa
- Desarrollo del liderazgo

Esas eran las tres cosas que más valioso me hacían para mi organización. Mi competencia en esos campos define mi éxito como pastor. Como pastor principal, esas son las cosas que solo yo puedo hacer.

Teniendo eso en mente, me senté un día con mi asistente, Diane Grant, y comencé a reorganizar y a restablecer prioridades en mi horario en torno a esas tres actividades. Casi doblé el tiempo para la preparación y evaluación de sermones. Le dediqué un día completo de cada semana al desarrollo del personal de la iglesia. Y aumenté el porcentaje de tiempo de los domingos dedicado a comunicar la visión. Ahora más de ochenta por ciento de mi tiempo se enfoca en las tres cosas que solo yo puedo hacer.

En mi línea de trabajo la mayor parte de mi éxito depende de una presentación semanal de cuarenta minutos, conocida en casi todos los círculos como sermón. No importa cuántas horas trabaje. El asunto es que gran parte de mi éxito depende de si puedo o no entregar los bienes los domingos por la mañana. Una jornada semanal de sesenta horas de trabajo no compensará un sermón pobre. La gente no se presenta los domingos por la mañana porque yo sea un buen pastor (líder, pastor, consejero). Aunque parezca irónico, mis habilidades como pastor no tienen casi nada que ver con mi éxito como pastor. Lo determinante en mi mundo son mis habilidades para la comunicación. Por eso enfoco allí mi tiempo.

Usando el paradigma de Koch diremos que usted debe dedicar más de su tiempo a las actividades de veinte por ciento. Al hacerlo, aumentará su productividad y aporte a su organización. La principal razón por la que hacemos demasiadas cosas es no habernos tomado nunca el tiempo para descubrir qué porción de lo que hacemos es determinante.

Las siguientes preguntas se crearon para ayudarle a descubrir el centro de sus competencias. Invierta varios minutos en realizar una evaluación personal. Quizá le sea útil tomar notas mientras trabaja en esta lista.

1. ¿Qué es lo que hace que, desde su perspectiva, casi no requiere esfuerzo, pero que a otros les parece una tarea amedrentadora?
2. ¿En qué campos la gente le considera la persona a la cual acudir con problemas y dudas?
3. ¿Qué le gusta de su trabajo actual?
4. ¿Qué le gustaría poder delegar?
5. ¿Cuál de sus actividades provoca más elogios y reconocimiento por parte de otros?
6. ¿En qué medios le encantaría trabajar?
7. ¿Qué ambientes trata de evitar?
8. ¿Qué clase de consejos le pide la gente?

9. Si pudiera enfocar más de su tiempo y atención en uno o dos aspectos de su trabajo, ¿cuáles serían?

La evaluación propia es un paso necesario para descubrir la médula de sus competencias. Aun así, no es suficiente. Nadie es del todo objetivo en cuanto a uno mismo. Es por eso que sería muy buena idea involucrar a otras personas en este proceso. Escoja a dos o tres personas que lo conozcan bien y que tengan empleados, y pídales que respondan estas preguntas sobre usted:

1. Si trabajara gratis para usted...

   ■ ¿dónde sería más valioso en su organización?
   ■ ¿dónde desearía que enfocara mi atención?
   ■ ¿Donde tendría la mayor oportunidad de éxito?
   ■ ¿en qué campos consideraría que no debería participar?

2. En mi actual entorno laboral, ¿dónde ve una desalineación entre mis competencias fundamentales y mis responsabilidades?

3. Si tuviera oportunidad de aconsejarle a mi jefe sobre cómo utilizarme mejor, ¿qué le diría?

4. ¿Es consciente de las esferas de mi vida en que existe una desalineación entre mi pasión y mi competencia[7]?

Un tercer proyecto que puede hacer para ayudar a que afloren sus puntos fuertes reales es redactar dos descripciones de un puesto de trabajo para usted mismo. La primera debe reflejar la realidad actual. La segunda, su trabajo ideal.

Imagínese por un momento que va a trabajar para su patrono actual durante los dos años siguientes. ¿Cómo adaptaría su empleo actual para ponerse en una posición que le aportara más a la organización? ¿Cómo podría usarlo mejor su jefe? ¿Qué dones no se usan al máximo en la actualidad?

Una vez que termine ese proyecto, muéstreselo a su jefe. Su respuesta le dirá mucho acerca de su futuro en esa organización. Si su supervisor es una persona sabia, contemplará su iniciativa como una oportunidad potencial de reestructurar las cosas a fin de aumentar la productividad. En esencia, ha invertido tiempo y esfuerzo en tratar de mejorar su productividad, al tiempo que la suya misma. Si su jefe se siente amenazado por su propuesta, eso indica que quizá ha puesto sus intereses personales por delante de los intereses corporativos. Si este es su caso, no estaría mal que comenzara a buscar otro medio en el cual invertir su talento.

Si su jefe le va a pagar de todas maneras, también podría ser que tratara de exprimir todo lo que pueda aportar. Nadie sale beneficiado de una mala alineación organizativa.

Las malas alineaciones resultan caras. Resultan en un innecesario tira y afloja personal y corporativo.

Tengo la costumbre de plantearle a la gente estas preguntas: «¿Qué le gustaría hacer? ¿En qué puedo ayudarle a que le resulte más satisfactoria esta organización? ¿Qué habilidades suyas no se están usando? ¿En qué puedo ayudarle a enfocar más de su tiempo y energía en las cosas que tocan sus competencias principales, además de aportarle a esta organización?».

A causa de mi relación con nuestro equipo de líderes me siento cómodo hablando con ellos acerca de sus intereses profesionales más allá de las paredes de North Point Community Church. Estoy rodeado de líderes que podrían emprender un montón de iniciativas y tener éxito. Si sienten la necesidad de invertir su talento en algún otro lugar, no quiero que me lo oculten por miedo ni sentido de culpabilidad. Quiero que sientan que pueden contar con mi ayuda para cualquier empresa nueva que se sientan llamados a emprender.

En una de mis charlas mensuales con nuestro personal, les desafié a revisar sus contenidos de trabajo y a presentárselos a sus supervisores. La respuesta fue abrumadora. Para lo que no fui muy listo fue para anticipar que le daba permiso a nuestro personal para expresar varias cosas en las que estaban pensando, pero que no estaban muy seguros de cómo las iban a recibir.

Si nuestro empleo no es el adecuado para nosotros, lo sabemos. Si nuestro talento y esfuerzo no están en el lugar adecuado, lo sabemos. Lo que no sabemos es hasta qué punto están dispuestos nuestros supervisores para oír eso. Como resultado de esta tarea, introdujimos varios cambios significativos que trajeron como resultado una mejor organización de todo el personal. Y lo que es más, nos tropezamos con una herramienta nueva con la cual descubrir lo que sentía y pensaba nuestra gente.

Si usted es empresario, quizá esté pensando: *¿No es eso un poco peligroso? ¿No teme perder a su mejor personal? ¿No le preocupan la estabilidad y el éxito futuro de su organización?*

La respuesta a las tres preguntas es *no*. En primer lugar, no son «su» personal. En segundo lugar, no es «su» organización. Además de eso, les digo todo el tiempo que si se marchan... ¡yo me voy con ellos! Llega un momento en que de todas formas todos se marchan. Solo he decidido que es mejor promover personas que perderlas.

Además de la descripción de su puesto de trabajo actual, describa lo que considera que es el empleo por excelencia. Esto es solo para usted. El objetivo de este ejercicio es ayudarle a identificar el espacio en que se sentiría más productivo y, como consecuencia, con más éxito. Sueñe un poco.

¿Qué pasaría si pudiera hacer todo y trabajar en cualquier lugar? ¿Qué haría? ¿Dónde lo haría? ¿Con quién trabajaría? Adelante, escríbalo. Ya sé que tal vez le parezca algo irreal desde el lugar en que está ahora, pero las visiones siempre parecen irreales al principio. Esto es una visión, no un plan.

Organice la visión del empleo de sus sueños en torno a dos cosas: ambiente y responsabilidades.

1. A la luz de sus puntos fuertes y débiles, talentos y pasiones, describa el ambiente de trabajo óptimo.

   - ¿Con qué clase de gente le gustaría trabajar?
   - ¿Prefiere trabajar solo o en equipo?
   - ¿Le gustaría viajar? En caso afirmativo, ¿cuánto?
   - ¿Disfrutaría en un entorno altamente estructurado?
   - ¿Trabajaría mejor en un entorno menos estructurado?

2. A la luz de sus puntos fuertes y débiles, talentos y pasiones, ¿de qué tipo de cosas le gustaría responsabilizarse?

   - ¿Se ve a sí mismo como director, en ventas, mercadeo?
   - ¿Le gustaría trabajar con números, con personas o con ambos?
   - ¿Qué tipo de tareas le gustaría emprender?
   - ¿Le gustaría un empleo en el que hubiera que escribir mucho?
   - ¿Le gustaría un empleo que requiriera de habilidad verbal?

Este ejercicio es tanto saludable como práctico porque le permite pensar solo en términos de gustos y habilidades. Comenzar con una página en blanco es algo liberador. Con todo, también puede resultar intimidante, pues anhelamos tener estructuras y límites. Sin embargo los límites se pueden convertir en murallas. Los límites hacen que nos subestimemos.

Tómese tiempo para desarrollar una breve descripción de empleo que crea que le permitiría enfocarse en sus principales competencias. Esos párrafos le servirán de visión profesional, como una brújula. La próxima vez que vaya a una entrevista de trabajo tendrá una marca con la cual medir lo apropiado del trabajo para el que realiza la entrevista.

Al principio de esta sección dije que como líder, no debe tratar de abarcarlo todo, sino edificar sobre sus dones y delegar el resto. Cuando hace esto, el resultado es una organización competente que refleja sus puntos *fuertes*, no sus *debilidades*. Ayudar a los que le rodean a descubrir cuáles son sus competencias fundamentales, y después ponerlos en una posición de acuerdo a ellas, le asegura que su organización sea capaz de realizar una máxima competencia.

Ya mencioné antes que lo mejor es que me mantenga alejado de la cuestión de organizar actividades. Es algo que no hago bien. Sin embargo, nuestra organización es conocida por albergar y producir actividades de calidad. ¿Por qué? Porque al salir (¡y permanecer fuera!) de ese espacio, he creado oportunidades para que prosperen las personas que tienen talento para esas esferas. Como resultado de eso, la gente me felicita a menudo por aspectos de nuestra organización con los que yo no tengo nada que ver.

Para desarrollar un equipo competente, ayude a los líderes de su organización a descubrir sus competencias para el liderazgo y delegue de acuerdo con ellas. Existen varias formas de hacer esto:

1. Elabore una lista de sus personas clave y anote los que cree que más aportan a su organización. Después de hacer esto, evalúe sus contenidos de trabajo y pregúntese: «¿Qué puedo

hacer para que tengan más tiempo libre a fin de realizar las cosas que más le aportan a esta organización?».

2. Propóngale a su personal que redacte de nuevo sus contenidos de trabajo actual, con el objetivo de reenfocar su tiempo en las cosas que hacen mejor.

3. Dirija una charla con sus personas clave sobre los principios comentados en estos tres capítulos.

4. Cree oportunidades para que su plantilla comente formas de perfeccionar sus habilidades.

Para su éxito personal y el de su organización es fundamental tener a la gente adecuada en el lugar adecuado.

Hay ocasiones en que tiene que lanzarse y hacer cosas que quedan fuera de sus capacidades principales, pero esos casos se deben elegir de forma estratégica y deben constituir la excepción y no la regla.

Todos los meses de diciembre, la organización de mi padre *In Touch Ministries* (Ministerios En Contacto) se enfrenta al desafío de enviar miles de casetes y libros a ciertas personas y que lleguen a tiempo para Navidad. Durante los días anteriores a Navidad, mi papá aparece en el trabajo en pantalones vaqueros para ayudar con los envíos. No aparece para dirigir la sección de envíos. Comprende la diferencia entre sus responsabilidades y sus competencias fundamentales. Se coloca a sí mismo bajo la autoridad de los que tienen experiencia en esa faceta de la organización.

Puede que alguien se pregunte si como líder, esa es la mejor forma de emplear su tiempo. Sí y no. Para las otras cincuenta y una semanas del año la respuesta es no. Si pasara casi todo su tiempo enviando cosas, llegaría un momento en que no habría nuevos productos que enviar. No obstante, para esa semana al año es absolutamente la mejor forma de emplear su tiempo.

Al apartarse de forma estratégica y temporal del campo donde más aporta de manera corporativa, se mete en una esfera donde en lo personal se nota su apreciación. Al presentarse durante varias horas diarias en la línea de ensamblaje, les está enviando a todos los empleados un mensaje sobre la importancia de su contribución personal. Al convertirse durante una semana en «uno de los chicos» aumenta su influencia en quienes le seguirán cuando vuelva a andar en traje y corbata.

> Busque oportunidades temporales para compartir la carga de alguna persona de su organización. Sea estratégico con su tiempo. Y recuerde esto: Al salir de su zona, no trate de liderar. Siga las instrucciones.

En el contexto de sus responsabilidades actuales, así como de sus competencias principales, ¿qué tiene que suceder para liberar la mayor parte de su tiempo para hacer lo que solo usted puede hacer? ¿Qué puede hacer para llevar su veinte por ciento a ochenta por ciento? Dicho con las palabras de los apóstoles, ¿qué hace ahora que «no está bien»? ¿En qué es negligente debido a que su tiempo se va haciendo cosas que quedan fuera de sus competencias principales?

Cuando se acerque a su ideal, llegará a ser cada vez más valioso para su organización. Al limitar su enfoque permitirá que crezcan las oportunidades para los que decidieron seguirlo. Según Stephen Covey, delegar en otros es quizá la actividad única y más poderosa para aumentar la influencia[8]. Hay gente que ama lo que usted odia. Fortalezca su equipo liberando a sus miembros a fin de que hagan lo que solo ellos pueden hacer. De esa forma se asegurará de que su organización refleje sus puntos fuertes y también los de quienes le rodean.

PARA SER UN LÍDER EFICIENTE...

■ Reconozca que sus puntos fuertes son limitados. Haga todo lo necesario para descubrirlos. Cuando sepa cuáles son, busque un entorno laboral que le permita enfocar sus energías en las pocas cosas para las que lo crearon a fin de hacerlas bien.

■ No permita que le absorban el tiempo responsabilidades y proyectos que requieran habilidades que quedan fuera de su esfera de competencias. Eso es una receta para la mediocridad.

■ Apodérese de esta verdad: Cuantas menos cosas haga, más logrará.

■ Limite su enfoque con el propósito de aumentar su productividad y expandir su influencia dentro de su organización.

■ Concédales potestad a los líderes que le rodean, delegando en ellos las responsabilidades que quedan fuera de su campo. Hay alguien que muere por recoger el balón que usted deja caer. Su debilidad es la oportunidad de ellos.

■ Recuerde: Los grandes líderes saben a quién seguir.

DESAFÍO PARA LA PRÓXIMA GENERACIÓN

1. ¿Cómo define el éxito en su situación laboral actual?

2. ¿Existe una afinidad entre sus competencias fundamentales y las que son necesarias para tener éxito en su trabajo?

3. ¿Qué cambiaría de su trabajo actual si tuviera la libertad de enfocarse en las dos o tres cosas que hace bien?

4. ¿Qué tendría que cambiar en su situación de empleo actual para enfocarse en las cosas que más le aportan a su organización?

5. Dedíquele algún tiempo a realizar los ejercicios descritos en las páginas 35 y 36.

VALOR

EL VALOR ESTABLECE
EL LIDERAZGO

CAPÍTULO CUATRO

EL PRIMERO

Solo vale la pena seguir a líderes que actúen con
valentía en épocas de crisis y de cambio.
[JIM KOUZES]

A LOS LÍDERES LES ENCANTA EL PROGRESO. El progreso es lo
que les hacer volver a la tarea. Lo más desalentador para un líder
es la perspectiva de quedarse estancado en un entorno en el que
no sea posible progresar. Si no podemos hacer que avancen las
cosas, es que ha llegado el momento de cambiar.

El progreso exige cambio. Para que progrese una organización, ministerio, negocio o relación, tiene que cambiar. Es
decir, con el tiempo tiene que convertirse en algo diferente. Tiene que mejorar, llegar a ser más importante, más disciplinada,
estar mejor organizada y ser más estratégica.

Sin embargo, las organizaciones, al igual que las personas, se
resisten al cambio. Tal y como señalan los autores de *The Leadership Challenge* [El desafío del liderazgo]: «Los líderes deben
desafiar el proceso precisamente porque todos los sistemas tratarán de forma inconsciente de mantener su estado actual e impedir el cambio»[9]. Las organizaciones buscan un equilibrio. La
gente busca estabilidad en las organizaciones. Ambas cosas pueden impedir el progreso, ya que este exige cambio y el cambio se
ve como la antítesis de la estabilidad.

Tenga en mente que todo lo que detesta de su organización o entorno actuales fue en origen una buena idea de alguien. Quizá en su día se considerara incluso revolucionaria. Sugerir un cambio es insinuar que sus predecesores no fueron muy perspicaces. O lo que es peor, ¡que su supervisor actual no se da cuenta de las cosas! Por consiguiente, resulta más fácil dejar las cosas como están, aceptar su situación y aprender a vivir con ella.

Aunque eso sea lo más fácil, no es una opción para un líder. Aceptar el status quo equivale a aceptar una sentencia de muerte. Si no hay progreso, no hay crecimiento. Si no hay crecimiento, no hay vida. Los ambientes faltos de cambio llegarán a estar faltos de vida. Por eso los líderes se encuentran en la precaria y a menudo peligrosa posición de su carrera al ser los únicos que advierten la necesidad del cambio. En consecuencia, el valor es una cualidad no negociable para el líder de la próxima generación.

Los líderes desafían lo que está por lo que puede y debe ser. En eso consiste el trabajo del líder. Sin embargo, hay que tener agallas para desafiar lo establecido y lo que siempre ha dado resultados. El simple reconocimiento de la necesidad del cambio no define el liderazgo. El líder es el único que tiene el valor de actuar según lo que ve.

Dentro de cada iglesia, negocio u organización sin fines de lucro donde haya necesidad de cambio, existe un grupo de personas bien informadas que son muy conscientes de la transformación que hace falta. Se van a casa todas las noches y se quejan con sus cónyuges. Se reúnen durante los descansos y se quejan entre ellos. Aun así, hacen su trabajo día tras día resignados a la idea de que no va a cambiar nada. Están convencidos de que tratar de introducir cambios sería una pérdida de tiempo considerable y quizá arriesgado. Así que cierran la boca y miran el reloj. No es que les falte perspicacia y no se den cuenta de lo que tendría que suceder, sino que les falta valor para hacer algo al respecto.

Un líder es alguien que tiene el valor de decir en público lo que todos los demás susurran en privado. Lo que le hace diferente de la multitud no es su perspicacia, sino su valor para actuar con respecto a lo que ve para hablar cuando todos los demás guardan silencio. Los líderes de la próxima generación son los que prefieren aceptar el desafío de cambiar lo que hace falta y pagar el precio, antes que guardar silencio y morir dentro.

Como veremos en el próximo capítulo, el simple hecho de hablar alto tiene el potencial de transformar a un individuo, haciéndolo pasar de un simple ornato organizativo a alguien que influye: un líder.

El valor es fundamental para el liderazgo porque a la primera persona que dé pasos en una dirección nueva se le considera el líder. Y hay que ser valiente para ser el primero en dar esos pasos. Por eso, *el valor establece el liderazgo.*

Vimos este principio en acción cuando éramos niños. ¿Recuerda estar con amigos desafiándose unos a otros a hacer algo? Entonces de repente, alguien iba en primer lugar y todos lo seguían. Por lo general, a la persona que va primero la consideran líder. El valor para actuar define al líder, y a cambio de eso la iniciativa del líder les da a los que le rodean valor para seguirlo.

Hay ciertas dudas sobre quién tuvo la idea de poner una computadora en cada escritorio. Con todo, no hay dudas en cuanto a quién fue durante años el líder de la industria de los ordenadores. El personal de IBM fue el primero en arriesgar los recursos necesarios para implementar una idea que cambiaría para siempre la industria de las computadoras.

Además de la necesidad de lanzar un desafío en cuanto a lo que se debe cambiar, a los líderes se les ha conferido la tarea de llevar a la gente a lugares en los que nunca antes han estado.

Los líderes pintan un cuadro mental de un futuro preferido y luego le piden a la gente que los sigan hasta allá. Los líderes exigen que quienes los rodean abandonen lo conocido y acepten lo desconocido, sin garantía de éxito. Como líderes, no solo les pedimos a hombres y mujeres que nos sigan a un lugar en el que *ellos* nunca han estado, sino que nos sigan a un lugar en que *nosotros* tampoco hemos estado. Hace falta agallas. Hace falta determinación. Hace falta valor.

Todos conocemos el miedo que produce entrar en una habitación oscura o atravesar un camino sin luz. Guiar hacia el futuro nos conjura muchos de esos sentimientos. El liderazgo exige valor para caminar a oscuras. La oscuridad es la incertidumbre que siempre acompaña los cambios. El misterio de si resultará o no una empresa nueva. La reserva que sienten todos al principio cuando se introduce una nueva idea. El riesgo de equivocarse.

Cuando mis hijos se apartan de la oscuridad de sus cuartos o del sótano, enseguida les recuerdo que aunque tengan miedo no están en peligro. Por muy cierto que sea esto, no les ayuda. El miedo desafía la lógica. La información solo llega hasta cierto punto. Aunque nos armemos de todas las razones de por qué no deberíamos temer nada, el miedo sigue ahí.

Es por eso que la oscuridad le ofrece las mayores oportunidades al líder. La forma en que responda a la oscuridad determina en gran parte si está o no llamado a liderar. Esto se debe a que la oscuridad es lo que impide que la persona promedio salga de la seguridad de lo que siempre ha existido.

No obstante, a muchas personas que les falta valor para hacer grandes progresos solos, anhelan que haya alguien que dé el primer paso, que vaya en primer lugar, que muestre cuál es el camino. Se podría argumentar que la oscuridad proporciona el contexto óptimo para el liderazgo porque, después de todo, si el sendero del futuro estuviera bien iluminado estaría abarrotado.

Los líderes no son siempre los primeros en ver una oportunidad, sino que son los primeros en *aprovecharla*. El que aprovecha una oportunidad es el que surge como líder. De modo que el miedo ha dejado en el banquillo a muchos que podrían haber sido líderes y dejaron pasar buenas oportunidades. No es que les faltara perspicacia, sino valor.

> Los líderes no son siempre los primeros en ver la necesidad del cambio, sino que son los primeros en actuar. Y una vez que se alejan del montón, se posesionan para liderar.

Piense un momento en las experiencias que se habría perdido si hubiera sucumbido ante su temor. Quizá nunca hubiera aprendido a nadar ni a montar en bicicleta. Nunca le habría pedido a una chica que saliera con usted. La mayoría de los hombres no nos habríamos casado. Habríamos cancelado casi todas nuestras entrevistas de trabajo. Ninguno de nosotros sabría esquiar. Muchos de nosotros no tendríamos licencia de conducir. El temor desmesurado trae como resultado muchas oportunidades desaprovechadas.

Yo les repito sin cesar esta lección a mis hijos: «Si no conquistas el miedo, vas a perderte muchas buenas oportunidades en la vida».

Muchas veces me veo forzándolos a tratar de hacer cosas que nunca intentarían solos. Después nos sentamos y hablamos sobre la dinámica de lo que tuvo lugar. En la mayoría de los casos les parece que las cosas que comienzan con mucho temor suelen terminar siendo muy divertidas.

Hemos hecho esto tantas veces que ahora me miran y me preguntan: «¿Es una de esas cosas que luego nos alegramos de haber hecho?».

Nuestra primera excursión de descenso de rápidos es un buen ejemplo. Estábamos en Carolina del Norte con un grupo de papás e hijos. Cuando el encargado nos dio los remos y los chalecos salvavidas, comenzó a describir los peligros del descenso. Cuando ya llevaba unos veinte minutos explicando «qué hacer en caso de que...», mis chicos me lanzaron una mirada de «no estoy muy seguro de esto». Cuando terminó, todos nos metimos en el autobús y fuimos montaña arriba.

La carretera que nos llevaba al lugar en el que íbamos a iniciar el trayecto corría paralela al río. Andrew, que tenía nueve años, no dejaba de mirar los rápidos. Me di cuenta de que estaba nervioso. Cuando llevábamos unos quince minutos de viaje, se volvió hacia mí y me dijo: «Papá, sé que cuando lleguemos no voy a querer meterme en la balsa, así que oblígame a hacerlo sea como sea». Le rodeé los hombros con el brazo y le aseguré que así lo haría.

«Hacerlo sea como sea» es en realidad la única forma de asegurar que el temor no nos robe las oportunidades. «Hacerlo sea como sea» es la esencia del valor. El valor es la disponibilidad de movernos en una dirección determinada a pesar de las emociones y pensamientos que tratan de que no lo hagamos así.

El valor no significa ausencia de temor. El valor implica temor. Si hubiéramos esperado a que se pasara el temor antes de lanzarnos al agua por primera vez, todavía estaríamos ahí esperando. Lo único que hicimos fue saltar. El valor es la disposición de atar nuestro temor y seguir hacia delante.

El líder que se niegue a moverse hasta que se le haya pasado el miedo no se moverá nunca. Por consiguiente, nunca liderará. Siempre existe cierta incertidumbre relacionada con el futuro. La incertidumbre presupone un riesgo. El liderazgo consiste en entrar con valentía en el futuro, a pesar de la incertidumbre y el riesgo. Si no tenemos valor, lo único que haremos será acumular un montón de buenas ideas y de lamentarnos de no haberlas llevado a cabo. Lo que podría ser y debería ser, no será... por lo menos que lo veamos nosotros. Al final, aparecerá otra persona y aprovechará la oportunidad que nosotros dejamos pasar.

Pregúnteles a líderes expertos sobre su tolerancia al riesgo y todos le dirán lo mismo: «Me hubiera gustado correr más riesgos». En otras palabras, les habría gustado impedir que su miedo a lo desconocido no hubiera frenado sus aspiraciones. Max De Pree hizo la siguiente observación: «La falta de disposición a aceptar riesgos ha hundido a más líderes que ninguna otra cosa que a mí se me ocurra»[10].

Los líderes expertos no suelen lamentar haberse arriesgado. Incluso a los riesgos que no trajeron beneficios directos se les consideran como parte necesaria de este viaje. Lo que los líderes suelen lamentar no son los riesgos que se corrieron, sino las oportunidades perdidas. Muchas de esas oportunidades perdidas no se habrían perdido si hubieran estado dispuestos a dejar a un lado el miedo y a aceptar lo que podría haber sido. Lo que suele hacer que un hombre o una mujer se quede en el banquillo no suele ser la falta de buenas ideas, sino el miedo.

El miedo al fracaso es común en el hombre. Con todo, los líderes consideran el fracaso de forma diferente. Por lo tanto, no le temen al fracaso de la misma manera que el individuo promedio.

He aquí la diferencia: *El deseo de progresar que tiene un líder llega a pasar por encima de su resistencia a correr riesgos*. En otras palabras, lo que más teme el líder es fracasar a la hora de hacer que las cosas avancen. Para el líder, el miedo se define en términos de oportunidades perdidas, más que en empresas fracasadas.

El líder puede vivir con un fracaso en alguna empresa concreta. Incluso se ríe de eso. Una empresa fallida no es más que una lección para no repetir las cosas. Los líderes les resulta más fácil vivir con la perspectiva de haber intentado y fracasado, que no haber intentado en absoluto. Los líderes temen más las oportunidades perdidas que las empresas fracasadas.

El fracaso es parte del éxito. Los líderes expertos consideran que el fracaso es solo un capítulo necesario de su historia: lecciones aprendidas, lecciones que son fundamentales para el éxito futuro. Los líderes saben que el fracaso se ve y se siente del todo diferente por el espejo retrovisor que cuando nos mira desde el parabrisas.

Pregúntele a un líder experto cómo ha superado su miedo al fracaso y es probable que no le dé una buena respuesta. ¿Por qué? Porque nunca lo ha pensado. Por eso, al hombre común y corriente le da la impresión de que los líderes no tienen miedo. No obstante, la verdad es solo que los líderes tienen miedo de otras cosas.

Los líderes saben que la mejor forma de asegurarse el éxito es aprovechando las oportunidades. Mientras que el hombre y la mujer promedio tienen miedo de *lanzarse* a una nueva oportunidad, los líderes tienen miedo de *perderse* una nueva oportunidad. Ser en exceso prudentes es algo que lleva al fracaso porque la prudencia quizá lo conduzca a desaprovechar oportunidades.

Tom Watson, padre, fundador de IBM, entendió este principio. En una ocasión un joven ejecutivo de su compañía llegó a perder más de diez millones de dólares en una aventura que hasta los que conocían muy bien la empresa la consideraron arriesgada. Cuando Watson se enteró del desastre, llamó al joven a su despacho. Este murmuró al entrar: «Supongo que quiere mi renuncia». Watson respondió enseguida: «Debe estar bromeando. Acabamos de gastar diez millones en su educación»[11].

Usted no puede liderar sin correr riesgos. Y no correrá riesgos sin tener valor. El valor es fundamental para el liderazgo.

Capítulo cinco

A SOLO UN TIRO DE PIEDRA

Así que no temas, porque yo estoy contigo; no te angusties, porque yo soy tu Dios. Te fortaleceré y te ayudaré; te sostendré con mi diestra victoriosa.

[Isaías 41:10]

A LO LARGO DEL ANTIGUO TESTAMENTO, Dios les dice a los reyes y líderes militares que sean valientes y que lideren con valor. El Antiguo Testamento está lleno de historias que ilustran lo necesario que es el valor en la vida del líder. Ester, Josué, Gedeón, Moisés... La lista sigue. A estos hombres y mujeres se les dio la oportunidad de introducir cambios. Y en todos los casos se dieron cuenta de que lo que necesitaban para su oportunidad era *valor*.

Quizá David sea la figura más joven del Antiguo Testamento en distinguirse por un acto de valor. David era un líder para la siguiente generación. Era un joven que estaba preparado para ser determinante.

Según las apariencias, sin embargo, no era más que el hijo olvidado de un hombre rico cuyo deber principal era cuidar ovejas. A pesar de todo, David era un líder en espera. Dios le había dotado de las habilidades necesarias para dirigir una nación. Más aun, Dios lo había elegido para ser el siguiente rey. Aun así, ¿cómo se abre uno camino de pastor a rey? Además, todo el mundo sabe que el hijo del rey es el siguiente en la línea sucesoria. No un pastorcillo mugriento.

Lo que hace tan apropiada para nuestros comentarios la historia de David es el papel que desempeñó su valor al distinguirle como líder. El liderazgo de David se estableció por su valor, no por su talento, ni siquiera por su llamamiento divino. El talento de David nunca se habría descubierto separado de su valor. Un acto de valor le pone en el escenario de importancia nacional en Israel, su valor para actuar en lo que le pareció que era el catalizador que pondría en movimiento una larga serie de hechos providenciales.

El suceso que puso a David como líder en la nación de Israel comenzó como un punto muerto militar entre el ejército del rey Saúl y el de los filisteos. Estos habían reunido sus ejércitos para la batalla a unos veinticuatro kilómetros al oeste de Belén, en una colina que dominaba el valle de Elá. El ejército de Israel acampaba en el otro extremo del valle. Se trataba de una estrategia militar bastante típica: ocupar las tierras altas y esperar a que el enemigo iniciara la ofensiva.

No obstante, lo que sucedió después fue bastante raro. El campeón filisteo, Goliat, salió de las filas y desafió a Saúl a que enviara al valle a un guerrero israelita a enfrentarse con él en una batalla a muerte, en la que el ganador se quedaba con todo.

Goliat se detuvo ante los soldados israelitas, y los desafió: «¿Para qué están ordenando sus filas para la batalla? ¿No soy yo un filisteo? ¿Y no están ustedes al servicio de Saúl? ¿Por qué no escogen a alguien que se me enfrente? Si es capaz de hacerme frente y matarme, nosotros les serviremos a ustedes; pero si yo lo venzo y lo mato, ustedes serán nuestros esclavos y nos servirán». (1 Samuel 17:8-9)

En esa época era normal enviar al mejor hombre a pelear contra el campeón del ejército contrario, pero para asuntos menores como disputas por fronteras o por agua. Nunca se había llevado a cabo de forma tal una guerra entre reinos enemigos. ¿Quién que estuviera en su sano juicio arriesgaría toda su nación, confiándola a las habilidades combativas de un guerrero? Pues nadie, a no ser que el guerrero fuera Goliat. Huelga decir que en el ejército israelita no había nadie ansioso de convertirse en héroe.

Dijo además el filisteo: «¡Yo desafío hoy al ejército de Israel! ¡Elijan a un hombre que pelee conmigo!» Al oír lo que decía el filisteo, Saúl y todos los israelitas se consternaron y tuvieron mucho miedo. (1 Samuel 17:10-11)

Aunque es cierto que Goliat representaba una importante amenaza para la seguridad de Israel, también representaba algo más: una oportunidad. Allí donde hay temor hay también una oportunidad. Allí donde hay un gran temor hay también una gran oportunidad.

Mientras que a Saúl y su ejército de veteranos endurecidos por los combates los consumía el miedo, un pastor desconocido y joven vio la oportunidad y la aprovechó.

La aparentemente casual llegada de David a la escena subraya un asunto que se repite a lo largo de la historia en la vida de líderes importantes. David no apareció con la intención de convertirse en héroe militar. Lo único que hacía era llevarles trigo tostado y panes a sus hermanos, tal y como le mandó su padre. No buscaba ninguna oportunidad. Buscaba a sus hermanos. Sin embargo, cuando vio a Goliat, reunió valor para aprovechar una oportunidad con la que los otros guerreros solo se atrevían a soñar.

Cuando escucho a los líderes contarme sus historias, muy pocas veces les oigo hablar de planes estratégicos y establecimiento de metas. Lo que sí oigo mucho es hablar de identificar las oportunidades y actuar. Las estrategias y los objetivos tienen su lugar, pero no definen el liderazgo. Los líderes buscan y aprovechan las oportunidades. Y en la mayoría de los casos las oportunidades les toman por sorpresa.

Por lo tanto, David se abrió paso hacia las primeras líneas del frente justo a tiempo de oír a Goliat zaherir al ejército de Israel. Aunque también escuchó otra cosa. Saúl, en su desesperación, comenzaba a ofrecer una recompensa a cualquiera que luchara contra Goliat y lo venciera. Cuando llegó David, la apuesta era bastante alta: riquezas, la mano de la hija de Saúl y una vida libre de impuestos (véase 1 Samuel 17:25). ¿Todo eso por matar a un soldado que iba contra los ejércitos de Dios? David no podía resistirse a esa oportunidad. Después de volver a preguntar para asegurarse de que había oído bien, dejó sus fardos y fue a alistarse para el deber.

¿En qué se diferenciaba David de los demás soldados del ejército de Saúl? No era en el talento. Ni en habilidad para liderar. Ni siquiera en el hecho de haber reconocido una oportunidad increíble. Fue el valor de apoderarse de lo que los demás solo veían. El valor fue el catalizador para su liderazgo.

El resto de la historia es en cierto modo confuso. ¿Por qué llegó el rey Saúl a enviar a un pastor sin entrenamiento militar a representar a su ejército? Podría haber sido que esa clase de desafío exigiera una respuesta, y la única opción que le quedaba a Saúl era enviar a la única persona que se ofreció voluntaria.

Sea como fuera, Saúl no iba a permitir que David bajara al valle con aspecto de pastor, así que le prestó su armadura. Y cuando eso no resultó, David le aseguró al rey que le iría bien: «El SEÑOR, que me libró de las garras del león y del oso, también me librará del poder de ese filisteo» (1 Samuel 17:37).

Cuando David salió de la tienda del rey, hizo algo que ejemplifica una distinción crítica que a menudo se pasa por alto en las discusiones relacionadas con el liderazgo y el valor:

> *[David] tomó su bastón, fue al río a escoger cinco piedras lisas, y las metió en su bolsa de pastor. Luego, honda en mano, se acercó al filisteo.* (1 Samuel 17:40)

David era valiente, pero no imprudente. No es lo mismo actuar con valentía y actuar con imprudencia. Pregúnteles a quienes trabajan con animales salvajes y ellos se apresurarán a explicarle la diferencia. Hay que tener mucho valor para manejar a una serpiente venenosa, pero la imprudencia puede costar la vida.

Los líderes dignos de seguirse son siempre prudentes. Y lo son porque se preocupan de verdad por quienes decidieron seguirlos. Un líder imprudente llegará a parecerles desconsiderado a quienes les han confiado su futuro.

David era valiente y prudente. No se apresuró a bajar al valle propulsado por la adrenalina y la perspectiva de convertirse en un héroe nacional. No le pillaron por sorpresa. Se tomó tiempo. Se tomó en serio a su enemigo. Y actuó conforme a sus puntos fuertes, que eran piedras y una honda.

Los líderes comprenden el papel tan fundamental que desempeñan la confianza y la precaución. El valor exige ambas cosas.

La precaución de David no lo apartó de la batalla, pero tampoco permitió que su confianza le cegara ante la necesidad de elegir las piedras con cuidado.

Es lamentable, pero muchas veces el miedo se disfraza de precaución. A menudo, la gente temerosa pone la precaución como excusa de su miedo.

«No tengo miedo. Solo soy prudente».

«Ya sabes que uno no se puede precipitar con esas cosas».

Dudo muy en serio que el rey Saúl o la mayoría de su ejército reconocieran que les daba miedo enfrentarse a Goliat. Después de todo, eran soldados. Aun así, detrás de su charla de riesgos calculados y de discusiones sobre qué era lo mejor para la nación, lo único que pasaba es que tenían miedo.

Cuando evalúe su respuesta ante los riesgos que involucra el liderazgo, ¿es prudente o temeroso? Todo líder de la próxima generación tiene que lidiar con esta cuestión hasta el fondo. Lo que no sabe no le *puede* herir. Como líder, lo que no sabe puede paralizarlo. ¿Le consumen pensamientos tales como estos?:

- ¿Qué pasa si no da resultados?
- ¿Qué pasa si me equivoco?
- ¿Qué pensarán los demás de mí?

Tómese un momento para pensar en los cinco contrastes siguientes. ¿Cuál le describiría mejor?

- La prudencia es cerebral; el temor es emocional.
- La prudencia está propulsada por la información; el temor está propulsado por la imaginación.
- La prudencia calcula los riesgos; el temor evita los riesgos.
- La prudencia quiere obtener éxito; el temor quiere evitar fracasos.
- A la prudencia le preocupa el progreso; al temor le preocupa la protección.

Saúl y sus soldados tenían miedo. No hicieron nada. David era prudente. Avanzó con cuidado. Cuando estuvo listo, bajó solo al valle para enfrentarse con Goliat. Y después de un intercambio breve pero intenso, David sacó la honda y mató al gigante.

En ese momento sucedieron dos cosas significativas. En primer lugar, hubo un revés instantáneo en el ímpetu del campo de batalla. El ejército de Israel de repente se llenó de valor y de deseos de luchar. En contraste, los filisteos, que momentos antes se daban golpes de pecho, corrieron para salvar la vida.

Cuando los filisteos vieron que su héroe había muerto, salieron corriendo. Entonces los soldados de Israel y de Judá, dando gritos de guerra, se lanzaron contra ellos y los persiguieron hasta la entrada de Gat y hasta las puertas de Ecrón. (1 Samuel 17:51-52)

Con su acto de valentía, David le dio a todo un ejército algo que les faltaba muchísimo: valor.

Esto llega hasta el centro del liderazgo. Los líderes inculcan valor en el corazón de sus seguidores. Esto apenas ocurre solo mediante palabras. Por lo general, exige acción. Se remonta a lo que dijimos antes: Alguien tiene que ir primero. Al hacerlo, el líder les proporciona confianza a quienes le siguen. De esta forma los líderes reciben permiso.

En 1991 realicé mi primer peregrinaje a la Willow Creek Community Church de Barrington, Illinois. Durante los meses que precedieron a mi visita, había estado pensando en introducir varios cambios grandes en mi forma de hacer las cosas en mi ministerio. No obstante, la verdad es que estaba asustado, pues pensaba en apartarme por completo del estilo y la filosofía del ministerio en el que había crecido. Por instinto sabía que era necesario realizar esos cambios, pero varias personas a las que respetaba mucho me dijeron que este nuevo enfoque no daría resultados. Un compañero me aseguró que «Dios no lo va a bendecir». Al igual que el ejército de Israel, estaba parado en la alineación, deseando que las agallas y el valor bajaran al valle e hicieran lo que yo sabía que había que hacer.

Esos cuatro días en Barrington lo cambiaron todo. Bill Hybels y el increíble personal de su iglesia hicieron por mí lo que David hizo por el ejército de Israel: Me dieron valor para intentar algo nuevo. Me dieron permiso. Lo único que necesitaba era que otra persona avanzara primero. Cuando la vi, encontré valor para seguir... y liderar.

Como líder de la próxima generación, lo llamarán primero. Eso exigirá valor. Sin embargo, al salir les proporcionará valor a quienes les observan. Y dependiendo de la situación, un solo acto de valor suyo es capaz de cambiar el impulso de una organización entera. El valor en un momento estratégico puede cambiar de manera extraordinaria el campo de juego.

Otra cosa de gran importancia sucedió en el momento que David derrotó a Goliat: David se convirtió en un líder digno de seguir a los ojos de los que vieron su victoria y de los que más tarde se enteraron de su valerosa hazaña. Las mujeres de Israel cantaron su grandeza[12]. El hijo del rey hizo un pacto con él[13]. Y el rey comenzó a sentirse inseguro[14]. Todo el mundo tuvo la sensación de que había algo especial en este muchacho de Belén. Y tenían razón.

No obstante, ese algo ya estaba presente en David antes del incidente con Goliat. Dios había llamado a David a liderar y lo había equipado para ello. Con todo, hizo falta un acto de valor para que el público reconociera ese llamado. Matar a Goliat no convirtió a David en líder, sino que lo marcó como tal. El incidente en el valle de Elá no equipó a David para liderar, sino que lo identificó sin lugar a dudas como alguien digno de seguirse.

Lo que la gente vio en David ya llevaba allí mucho tiempo.

Como líder de la próxima generación ya posee el talento y la intuición necesarios para liderar. Aunque lo más probable es que sea su *valor* lo que le levante como líder en las mentes de otros. Para ponerlo en perspectiva, trate de identificar a un líder digno de seguirse que no haya aparecido en la escena pública como resultado de una decisión o de una acción que requiriera valor.

Los líderes que honramos e imitamos pasaron a las páginas de la historia mediante hechos de valor realizados en el momento apropiado. Es posible que fuera valor en el campo de batalla o en la sala de juntas, valor para defender a los indefensos, o solo valor para intentar lo que nadie pensó que sería posible. Los nombres y el contexto cambian, pero en todas las biografías de líderes que consideramos dignos de seguir hay algo constante: valor para actuar. Y en la mayoría de los casos ese valor fue lo que les puso el sello de líder a los ojos del público.

Hace varios años imprimí la siguiente pregunta y la puse en un lugar importante de mi despacho para verme forzado a leerla todos los días: *¿Qué creo que es imposible hacer en mi campo... pero que si se hiciera cambiaría mi negocio de forma fundamental?*

Me encanta esa pregunta. Me obliga a pensar fuera del ámbito de lo que ya se ha hecho. Lo que ya se ha hecho es seguro, pero para probar una solución a un problema que plague una industria entera, en mi caso la iglesia local, hace falta valor. Lo que en la actualidad parece imposible, un obstáculo insuperable, es el contexto para el siguiente cambio de paradigma en su industria o ministerio.

En 1999 la hazaña imposible a la que se enfrentaba nuestra iglesia era cómo doblar en un año nuestro espacio para la adoración, sin construir un centro de adoración el doble de grande del que tenemos.

«¿Uh?»

Lo repito. Teníamos que doblar en un año nuestro espacio para el culto a fin de seguir creciendo. Sin embargo, no queríamos construir un edificio tan grande como para albergar el doble de personas. Es costoso construir y mantener un centro de adoración grande. Y cuando pones dos mil personas en un espacio lo bastante grande como para diez mil, parece vacío.

Entonces hicimos algo que no había hecho nadie, que nosotros supiéramos. Construimos un segundo edificio idéntico en tamaño y diseño al original. Los dos se comunican por la parte de atrás y están conectados por las plataformas. Por medio de tres pantallas hemos reproducido en nuestro nuevo centro de culto un duplicado exacto de lo que sucede a poca distancia en nuestro edificio original.

Hay gente que viene de todo el país para ver nuestros santuarios siameses. ¿Por qué? Porque somos los primeros en intentarlo. Al ser los primeros, nos ven como líderes. No somos la iglesia más inteligente de los alrededores, ni tampoco la más avanzada en tecnología. Aun así, somos los primeros en invertir dinero y energía en esta solución a un problema que enfrentan muchas iglesias todas las semanas.

El siguiente intento que tenemos que abordar en la cuestión de espacio es construir múltiples espacios y conectarlos a través de la tecnología. No somos los primeros en intentarlo. Con todo, el jurado está todavía decidiendo si esta es una solución viable a largo plazo. La única forma que sé es al intentarlo. Y en vez de esperar a ver si existe un modelo que se sostenga, hemos optado por lanzarnos y ver si podemos hacer que resulte.

Eso es lo que hacen los líderes. Y para eso hace falta valor. Nunca me olvidaré del momento en que entré en nuestro segundo centro de adoración y pensé: *¿Qué hemos hecho? ¡Construir dos auditorios idénticos, uno junto al otro! ¿Qué pasa si no da resultados?*

No obstante, resultó.

¿En su industria, negocio o ministerio hay gente parada en la ladera de la montaña, mirando al valle, haciéndose preguntas y teniendo deseos, pero sin iniciar nada? Entonces en su industria, negocio o ministerio hay oportunidades que todavía no se han explotado porque nadie ha tenido el valor de ser el primero. ¿Cuáles son? Haga una lista.

Al elaborar esa lista, una vocecita en su interior le susurrará: «Hará falta más que valor para ir tras esas ideas; hará falta capital». Al llegar a ese punto quizá se vea tentado a dejar caer la pluma y a volver a la seguridad y a la comodidad de las cosas tal y como siempre han sido. Aun así, antes de retirarse a su tienda, le recordaré dos cosas: El capital sigue al valor y el *qué* siempre precede al *cómo*.

EL CAPITAL SIGUE AL VALOR

El valor de soñar siempre precede al capital necesario para financiar el sueño. Los movimientos, los momentos decisivos en la industria, los avances en los negocios, todas estas cosas comienzan con valor, no con capital. No permita que los números lo intimiden. Si las grandes innovaciones comenzaran por el capital, la industria bancaria estaría abriendo camino en el desarrollo de nuevos productos, en innovación y en solución de problemas. Y sin dudas este no es el caso. No tema abarcar un problema que no puede permitirse el lujo de resolver.

EL QUÉ SIEMPRE PRECEDE AL CÓMO

La única forma de averiguar *cómo* se puede hacer algo es negándose a quitar los ojos de *qué* hay que hacer. No permita que el *cómo* le intimide. El hecho de que el *cómo* sea tan desafiante es la misma razón que le ofrece una gran oportunidad. Como dijimos antes, si el camino al futuro estuviera bien iluminado, estaría abarrotado. Si el *cómo* no fuera problema, ya otra persona lo hubiera averiguado antes.

¿Qué es imposible hacer en su campo, pero que si se hiciera cambiaría su negocio de forma fundamental?

Alguien tiene que hacerse esa pregunta. ¿Por qué no usted? Al fin y al cabo, los problemas sin resolver son las puertas al futuro. El futuro les pertenece a quienes tienen el valor de hacerse la pregunta y la tenacidad para resistir hasta descubrir o crear una respuesta.

Capítulo seis

TRES MANIFESTACIONES
DE VALOR

Comenzar algo solo y con las manos vacías asusta al
mejor de los hombres. También dice muchísimo de
cuán seguros están de que Dios está con ellos.
[Un relato de tres reyes]

Como ya señalamos antes, el liderazgo exige el valor para desafiar lo que está por lo que puede y debe ser. Con todo, la necesidad de valor va más allá de la carga que siente el líder por cambiar la realidad actual. Me gustaría darle tres manifestaciones concretas de valor, que son fundamentales para quienes aspiren a ser líderes dignos de seguirse. Estas tres manifestaciones de valor evaden con frecuencia a los líderes de la próxima generación.

1. Valor para decir no

Al principio de nuestro desarrollo como líderes damos por sentado que cuando la oportunidad toque la puerta debemos abrirla y acoger a quien sea o a lo que sea que esté ahí parado. Sin embargo, Mile Nappa tenía razón al escribir: «La oportunidad no es lo mismo que la obligación»[15]. La marca de un buen liderazgo es la habilidad de identificar las pocas cosas que son necesarias y enfocarse en ellas.

En su libro *Good to Great* [De bueno a excelente], Jim Collins alienta a los líderes del mundo empresarial a elaborar una lista de «dejar de hacer»:

La mayoría de nosotros llevamos vidas muy ocupadas, pero sin disciplina. Siempre ampliamos las listas de «cosas que hacer» tratando de elevar el ímpetu haciendo, haciendo, haciendo y haciendo más. Y la verdad es que esto casi nunca resulta. En cambio, los que levantaron las grandes empresas de bueno a excelente usan en igual medida las listas de «dejar de hacer» y las de «hacer». Desarrollaron una extraordinaria disciplina para deshacerse de todo tipo de «trastos» ajenos [...] Desarrollaron un extraordinario valor para canalizar sus recursos en solo una o unas pocas arenas[16].

No permita que las muchas buenas oportunidades distraigan su atención de la única oportunidad que tiene el mayor potencial. Aprenda a decir no. La queja que más escucho sobre líderes jóvenes es su falta de habilidad para enfocarse en lo importante. La falta de enfoque al final se traduce en falta de visión. Si la visión es confusa, la gente no la puede seguir.

Los líderes y las organizaciones que se enredan en una serie de «oportunidades» inconexas diluyen su eficiencia. Al Ries, en su innovador libro *Focus* [Enfoque], observa algo semejante:

Mi experiencia ha sido que los grandes líderes, a pesar de la multitud de distracciones que los rodean, saben cómo mantener el enfoque de las cosas. Saben cómo inspirar y motivar a sus seguidores a continuar impulsando «la oportunidad principal». No permiten que los abrumen asuntos secundarios[17].

A menudo somos incapaces de decir no debido a que nos da miedo. Tememos desilusionar a la gente. Tememos que nos tomen la delantera. Tememos perder alguna buena oportunidad. Sin embargo, en algún punto todo líder debe aceptar el hecho de que siempre habrá más oportunidades que tiempo para perseguirlas. Si no elegimos con cuidado nuestras oportunidades, nuestros esfuerzos se diluirán en todos los entornos. Negarse a decir que no le llega a robar a un líder su mayor oportunidad: actuar en consonancia con sus puntos fuertes.

Elija con cuidado sus oportunidades. Hay muchas que vale la pena dejar pasar. Solo diga no.

2. Valor para enfrentar la realidad presente

Además de saber cuándo decir que no, los líderes de la próxima generación deben estar dispuestos a enfrentarse a la realidad actual. Si alguien se niega a enfrentarse a la realidad, eso es negarla. Decimos que esa persona está enferma. Lo mismo pasa con las organizaciones. Estas, al igual que las personas, viven muchas veces en una negación. La negación pone en evidencia a las organizaciones poco saludables. Por eso no es raro que las organizaciones que viven en negación suelan estar dirigidas por líderes que niegan el estado actual de las cosas. Se niegan a enfrentarse a los hechos. Peter Senge dio en el clavo al escribir:

Un punto de vista exacto y perspicaz de la realidad actual es tan importante como una clara visión. Es lamentable, pero la mayoría de nosotros hemos adquirido el hábito de imponer prejuicios en nuestra percepción de la realidad presente[18].

Como líderes, queremos creer que las cosas van bien. Nuestro ego y autoestima se entremezclan de forma inexorable con nuestra habilidad de liderar. La vida marcha bien si lideramos bien. Por eso la tendencia es, tal y como señala Senge, darle un giro positivo a todo lo imaginable y pasar por alto la evidencia de lo contrario. Por supuesto, el peligro es que con el tiempo perdemos la perspectiva de lo que sucede en realidad a nuestro alrededor.

La iglesia es un ejemplo de primera. Todos los años los líderes denominacionales se reúnen en una convención para comparar estadísticas, entregar premios y escuchar mensajes. A lo largo de un año se gastan cientos de millones de dólares en programas y en cultos semanales. Todo esto se hace bajo el lema de «hacer discípulos» o «transformar vidas». No obstante, la verdad es que hay mucho que mostrar para todas las reuniones, mensajes y encuentros de madres en las mañanas. La iglesia hace muchas más cenas que discípulos. Y aunque existe una conciencia general de que las cosas no marchan bien, el asistente promedio a la iglesia se conforma con aparecer una vez a la semana, estar su tiempo y aparentar que todo va bien.

A Howard Hendricks, escritor y profesor de seminario, le pidieron hace poco que evaluara los números decrecientes de cierta iglesia. Después de asistir a los cultos se reunió con la junta directiva y les recomendó lo siguiente: «Levanten una cerca alrededor y cobren la entrada para que la gente venga y vea cómo eran los cultos en la década de los cincuenta»[19]. Dicho de otro modo, enfrenten los hechos: Están irremediablemente atrás.

Los líderes dignos de seguirse están dispuestos a enfrentarse y a aceptar la realidad presente, sin tener en cuenta lo desalentador y embarazoso que tal vez resulte. Para ser un líder así, debe ser implacable en su búsqueda a fin de conocer la verdad de lo que sucede a su alrededor. Debe acostumbrarse a descartar las informaciones falsas y a negarse a dar crédito a quienes la ofrecen. Al hacerlo, creará una cultura saludable y transparente sobre lo que tiene lugar y lo que no.

Durante la Segunda Guerra Mundial, Winston Churchill estableció lo que llamó la Oficina de Estadísticas. El propósito de dicha organización era asegurarse de que le llegaban los hechos en estado bruto. Para proteger esta unidad de la burocracia militar que lo rodeaba colocó la Oficina de Estadísticas fuera de su cadena de mando general. Fue lo bastante sabio como para darse cuenta de que le sería imposible tomar buenas decisiones sin contar con información exacta y a veces dolorosa. Lo mismo es válido para usted. Aun así, hace falta valor para enfrentar una verdad dolorosa.

> Es una pérdida de tiempo diseñar e implementar una estrategia de cambio hasta que no descubre y acepta la realidad presente. Si no sabe dónde está, es imposible llegar a donde tiene que estar. Lo que no sabe lo puede matar.

Resulta imposible generar un crecimiento sostenido ni un avance si sus planes para el futuro no están enraizados en la realidad. Si sus grandes estrategias no resultan una y otra vez, eso evidencia falta de capacidad o de interés. En otras palabras, hay algo concerniente a la realidad actual que pasó por alto. Jim Collins afirma: «El liderazgo no comienza solo con la visión. Empieza con conseguir personas que enfrenten los hechos crueles y actúen basados en las implicaciones»[20]. Si no tenemos cuidado, pasaremos por alto los hechos escabrosos y en su lugar actuaremos sobre lo que estamos convencidos que es verdad.

A veces es desagradable afrontar la realidad actual, pero siempre hace falta. Desagradable porque implica reconocer que no hemos avanzado tanto como creíamos. Necesario porque no podemos llegar a donde tenemos que estar si para empezar no sabemos dónde estamos. Es por eso que toda empresa u organización sin fines de lucro que tiene éxito comienza con una intensa misión de investigación. El cambio radical de una organización comienza con el descubrimiento de la verdad... verdad que la administración previa se ha esforzado en pasar por alto.

Para asegurarnos de que lideramos con los pies firmemente plantados en el suelo de lo que *es*, debemos vivir según los siete mandamientos de la realidad presente.

1. No fingirá.
2. No hará la vista gorda.
3 No exagerará.
4. No disparará al portador de malas noticias.
5. No se esconderá detrás de los números.
6. No obviará la crítica constructiva.
7. No se aislará.

Tratar de liderar haciendo la vista gorda ante la realidad es como caminar sobre el agua: Solo lo hace poco tiempo. Al final, se hundirá. Como líder de la próxima generación, tiene que estar dispuesto a enfrentar la verdad, independientemente de lo dolorosa que quizá sea. Y si no le gusta lo que ve, cámbielo.

3. Valor para soñar

Todo gran logro comienza como un sueño. Así lo expresó un escritor: «Cada cosa se crea dos veces. Existe una primera creación mental y una segunda creación de todas las cosas»[21]. Como líder de la próxima generación, la tercera expresión de valor que debe tener es soñar con lo que podría ser y debería ser. Debe permitir que su mente salga de los límites de lo que *es* y comience a crear un cuadro mental de lo que *podría ser*.

El líder que más cosas logre no siempre será el más talentoso ni el mejor educado, será el que se niegue a poner entre paréntesis sus pensamientos. Será el líder que se niegue a ponerse límites según lo que hicieron otros o en lo que fracasaron.

Con todo, el sueño exige valor. Pues pisándole los talones a cada sueño está el demonio de la duda. En cuanto nos aferramos a un futuro preferido, la mente se nos llena de repente de todas las razones por las que no saldrá bien. Nos preguntamos si en realidad estamos aptos para la tarea. Y si somos lo bastante valientes (o tontos) para contarles ese sueño a otros, suelen ser bastante rápidos en confirmar nuestras sospechas.

A pesar de todo eso, debemos seguir adelante y soñar. De lo contrario, lo único que haremos será pasarnos la vida posibilitando los sueños de otros. Si permite que el miedo ensombrezca sus sueños, nunca intentará nada nuevo, ni creará nada. Y lo peor de todo es que si el miedo hace que se retire de sus sueños, nunca le entregará nada nuevo al mundo.

En mi mesa de trabajo tengo una tarjetita que dice: *No tengas sueños pequeños, pues no apasionan los corazones de los hombres.* Más de una vez esa sencilla afirmación ha impedido que me retire de mis sueños. Sé por experiencia que es imposible liderar sin tener sueños. Cuando los líderes ya no están dispuestos a soñar, al poco tiempo los seguidores no desearán seguirlos.

Así que, ¡sueñe! Sueñe a lo grande. Sueñe con frecuencia. En algún lugar entre esas ideas fortuitas que fluyen por su mente, hay una que le cautivará la mente y el corazón. Y esa idea al parecer fortuita quizá evolucione muy bien hasta convertirse en una visión para su vida y liderazgo.

PARA SER UN LÍDER EFICIENTE...

■ El liderazgo no se define por el talento. Busque una oportunidad de romper con el grupo y aprovéchela. Esos son los momentos en que se define y descubre el liderazgo.

■ Tiene miedo. ¿Y qué? Todo el mundo tiene miedo. El miedo es el suelo común de la humanidad. La cuestión a la que se tiene que enfrentar hasta el fondo es la siguiente: ¿Voy a permitir que mi miedo me ate a la mediocridad? Si es así, no hay razón para que termine este libro.

■ No permita que el *cómo* se interponga en el camino de lograr el *qué*. Los líderes buscan oportunidades mucho antes de tener a su disposición los medios y los planes. Los problemas sin resolver de su empresa son las puertas hacia el futuro.

■ Los líderes no se esconden de la verdad. El dolor del descubrimiento es el primer paso en el camino del cambio. Si usted ha de temer algo, que sea el miedo a no conocer la verdad de lo que está pasando a su alrededor. En el mundo del liderazgo la negación es como recibir los últimos sacramentos.

■ ¿Qué *podría* ser? ¿Qué *debería* ser? Escríbalo. Cuélguelo en la pared. Transmítalo.

DESAFÍO PARA LA PRÓXIMA GENERACIÓN

1. ¿Cuál es su mayor temor como líder?
2. ¿Cómo y cuándo se manifiesta?
3. ¿Cómo define el fracaso en términos de empresas sin éxito u oportunidades perdidas?
4. ¿Qué le mantiene al margen de las oportunidades?
5. ¿Tiene un sueño en suspenso por temor al fracaso?

CLARIDAD

LA INCERTIDUMBRE EXIGE

CLARIDAD

Capítulo siete

EL LIDERAZGO A LA SOMBRA
DE LA INCERTIDUMBRE

Cada éxito es casi siempre un boleto de entrada
a un nuevo grupo de decisiones.

[Henry Kissinger]

La incertidumbre es una parte permanente de la escenografía del liderazgo. No desaparece nunca ni es indicativa de un mal liderazgo. Es el entorno en que mejor se identifica el buen liderazgo. La naturaleza del liderazgo exige que haya siempre un elemento de incertidumbre. Donde no existe incertidumbre, ya no hay necesidad de liderazgo. Cuanto mayor sea la incertidumbre, mayor será la necesidad de liderazgo. Tal y como lo explica Jim Kouzes: «La incertidumbre crea la condición necesaria para el liderazgo»[22].

Yo tardé varios años en darme cuenta de esto. Como líder joven, me atormentaba la suposición de que debía saber qué hacer en cada situación. *Si fuera un buen líder*, pensaba, *sabría con exactitud qué hacer. Al fin y al cabo, ¡yo soy el líder! Los líderes deberían saber esas cosas. Se supone que los líderes deben ser convincentes en cualquier momento y dirigir con una certeza total.* Más o menos así pensaba.

El tiempo y la experiencia me han enseñado algo diferente. Por lo tanto, se lo digo de nuevo: La incertidumbre es una parte permanente de la escena del liderazgo. Serán contadas las ocasiones en que esté del todo seguro de algo. A cada momento tendrá que tomar decisiones contando con información limitada. En ese caso, su meta no debería ser la eliminación de la incertidumbre. En su lugar, debe desarrollar el arte de ser claro frente a la incertidumbre.

El arte de la claridad implica dar directrices explícitas y precisas a pesar de contar con información limitada y con resultados imprevisibles. Imagínese por un momento que es el *quarterback* de un equipo de fútbol americano. Tienen cuatro veces para hacer diez yardas. Les llevan seis puntos de ventaja y faltan cinco minutos de partido. ¿Qué hace? ¿Darle una patada al balón o ir a por todas?

Con información limitada, y enfrentándose a un resultado imprevisible, hace lo que haría cualquier *quarterback* en esa posición: Reúne su conocimiento e intuición y anuncia una jugada. No se encoge de hombros y manda a la línea a todo el mundo. Toma una decisión y forma a todo el mundo con instrucciones concretas. Y cuando el centro lanza el balón, sabrá si tomó la debida decisión o no.

Como cualquier *quarterback* le diría, esa clase de claridad exige confianza y humildad. Confianza para moverse con valentía en la dirección que decida. Humildad para reconocer que cuando más hace una civilizada suposición.

En el ámbito de los deportes no vemos que haya conflicto entre la incertidumbre y la claridad. Estamos acostumbrados a que los entrenadores, capitanes y receptores hagan señales claras en medio de la incertidumbre. Hemos visto el caos que se produce en el campo de juego si alguna señal no está clara. Sin embargo, en el mundo de los negocios, de la política, así como en el ministerio, la incertidumbre nos hace sentir molestos. Dudamos. Somos menos específicos y más generales a la hora de dirigir. Nuestra gente no sabe qué esperar. Gritamos: «¡Excursión!», y todo el mundo echa a correr en la dirección que mejor le parece.

Si usted no tiene cuidado, la incertidumbre lijará el filo de su claridad, y el resultado será caos en los probadores.

Contrario a lo que quizá piense, la verdad es que la incertidumbre *aumenta* cuando se incrementa la responsabilidad del liderazgo. Mientras más responsabilidad asuma como líder, más incertidumbre espere tener que manejar. El precio del éxito como líder no es menos incertidumbre, sino más.

Es por eso que es de gran urgencia que aprenda ahora a cómo prosperar en entornos inciertos. Estos no desaparecen. Su capacidad como líder se verá determinada por lo bien que aprenda a enfrentar la incertidumbre. Independientemente del tipo de organización en la que trabaje, sus futuras responsabilidades de liderazgo estarán coronadas por su habilidad o incapacidad para resolver la incertidumbre.

Como pastor principal, lidio con más incertidumbre que nadie en nuestra organización. Le digo a nuestro personal: «Tengo la responsabilidad de la incertidumbre combinada de cada departamento de la organización entera». Tengo la responsabilidad de la incertidumbre, y a veces tengo que tratar de forma directa con ella, de cada una de nuestras aventuras ministeriales, que no dejan de aumentar, y también del mar de incertidumbre que rodea la dirección general de nuestra iglesia. A eso añádale la incertidumbre relacionada con la preparación de mensajes, y es un milagro que pueda pensar con sensatez. Aun así, ese es el precio de la creciente responsabilidad del liderazgo. Junto con el éxito llega una mayor incertidumbre.

Y para empeorar las cosas, la creciente responsabilidad implica enfrentar muchas más cosas intangibles y por tanto con incertidumbre más compleja. Es la misma diferencia que hay entre liderar en un jardín a un grupo de arquitectos paisajísticos a realizar un trabajo una tarde soleada, y sentarse al mando de un negocio de arquitectura paisajística que emplea a veinticinco grupos de arquitectos, y tratar de decidir cuál es la mejor forma de comercializar sus servicios. Inspeccionar el mantenimiento de un solo jardín tiene que ver en su totalidad con cosas tangibles: arbustos, árboles, abonos, cortacéspedes, llegadas, salidas. Decidir cómo comercializar un negocio es intangible casi por completo. Introduce un cierto grado de incertidumbre que exige otra clase de liderazgo.

Cuando comenzamos North Point Commnunity Church, nuestro equipo de líderes estaba convencido de que el programa de educación de adultos debía montarse en torno a una red de grupos pequeños que se reunieran en casas. Esto presentaba un contraste con el modelo de escuela dominical para adultos con el que crecimos todos. Contábamos con hallar cierto desacuerdo en este asunto. La mayoría de las personas comprometidas a ayudar a plantar la nueva iglesia creció asistiendo a la escuela dominical. Todo era nuevo para ellos. No obstante, estábamos convencidos de que un programa de escuela dominical para adultos, tipo campus, no era la mejor forma de lograr nuestra misión.

Cada vez que se reunía el equipo de líderes salía a colación la cuestión de nuestros grupos en hogares. Algunos de los líderes clave no estaban seguros de que este fuera el mejor camino. Otros dieron por hecho que adoptaríamos esta estrategia solo cuando tuviéramos nuestras propias instalaciones. La gente enseguida indicó el hecho de que otras iglesias ya habían intentado este método con poco éxito.

Escuchamos durante un año. Respondimos sus preguntas lo mejor posible y llegamos a un consenso entre nuestros líderes. Estudiamos lo que hacían otras iglesias. Dirigimos unos doce grupos a fin de trabajar en los recovecos del sistema. Y entonces llegó el momento de zanjar la discusión.

El momento de la verdad llegó un miércoles por la noche en unas instalaciones alquiladas que estaban junto a nuestra propiedad. Todos nuestros líderes clave estaban presentes para hablar sobre nuestro plan de traslado a nuestras instalaciones, que estarían listas muy poco después. Casi al final de la reunión, una dama levantó la mano y habló sobre sus preocupaciones en cuanto a nuestra estrategia de grupos pequeños. Era una preocupación genuina, pero preguntó algo que ya había contestado un montón de veces.

En el pasado era diplomático cuando se presentaba este asunto. Esta vez dejé a un lado la diplomacia y fui muy directo. Entienda que estas personas eran mis amigos y me habían apoyado durante la transición más difícil de mi vida. Eran voluntarios. Estos hombres y mujeres habían sacrificado su tiempo y sus recursos para asegurarnos un buen comienzo. Aun así, ya era hora de cerrar la cuestión. A pesar de la incertidumbre del rumbo que tomábamos, ya era hora de ser claro.

Cuando la dama terminó, sonreí y enseguida hice un repaso de las discusiones tenidas durante todo el año anterior. Después de eso dije: «A partir de esta noche ya no vamos a discutir "si". Vamos a avanzar. A partir de ahora necesito que se enfoquen en "cómo". Hay muchas cuestiones sin responder. Ninguno de nosotros ha formado parte de una iglesia organizada en torno a grupos en hogares. Tenemos mucho que aprender. Pregunten todo lo que quieran sobre la puesta en marcha de esto, pero no sobre la dirección. Desde esta noche vamos a avanzar».

Eso fue hace siete años. En la actualidad, nuestros cinco mil adultos forman parte de grupos pequeños. Los hombres y las mujeres que asistieron a aquella reunión se convirtieron en los líderes de nuestro ministerio de grupos pequeños. Una vez que estuvo claro que íbamos a seguir hacia delante, todo el mundo subió a bordo.

¿Estábamos seguros de cuál sería el resultado? No.

¿Estábamos seguros de nuestra dirección? Por completo.

El objetivo del liderazgo no es erradicar la incertidumbre, sino más bien navegar por ella. La incertidumbre es un componente de cada entorno que exige un liderazgo. Donde encuentre uno, siempre descubrirá el otro.

Cuando llegue al nivel de líder, tendrá que tomar decisiones concernientes a ideas, valores, propósito, posición, estilo, estrategia y misión. Todo eso es intangible. Sin embargo, al final esas nobles discusiones impactan la realidad. Con el tiempo, la dirección que elija para su organización será el hilo conductor. Y allí, en el ámbito de las ventas, producción, reconocimiento, asistencia o cualquier cosa que quiera lograr su organización, se juzgará su liderazgo.

Otra cosa que debe tener en mente es la siguiente: En el ámbito de lo intangible se tarda más en reconocer si usted es brillante o tonto. Cuando toma decisiones en el campo de la filosofía, los valores, la misión y el mercadeo, se ve obligado a liderar durante largos períodos sin la ventaja de saber si en verdad va por el buen camino. Y cuando se empiece a cosechar, será demasiado tarde para cambiar sus procedimientos agrícolas. Habrá que esperar hasta la siguiente estación a fin de plantar de nuevo.

En el otoño de 1998 nos trasladamos a las instalaciones en que estamos ahora. En esa época una de las esferas de incertidumbre era el tránsito vehicular. No contábamos con un historial de modelos de tránsito en nuestra propiedad, pero necesitábamos un plan a fin de que los vehículos entraran y salieran del recinto como era debido. Aunque parezca algo muy simple, nuestro equipo tardó varios días en idear un plan que le pareciera bien. Hubo incertidumbre. Lo bueno era que todo tenía que ver con cosas tangibles: vehículos, señales y policías.

El día de nuestra inauguración hubo varios problemas. No obstante, el domingo siguiente, solo siete días más tarde, se enfrentaron y solucionaron los problemas. ¿Por qué? Pues bien, en parte debido a un buen liderazgo. Aunque en su mayor parte era fácil hacerles frente a nuestros problemas de aparcamiento debido al contexto de la incertidumbre. De inmediato supimos cuáles eran los problemas y cómo enfrentarlos.

Enfrentamos un tipo diferente de incertidumbre a la hora de decidir cómo aumentar el número de asientos para los domingos por la mañana. Como dije, al final decidimos construir los santuarios siameses, pero eso fue *después de dos años* de discusión y estudio.

Nos vimos metidos en el mundo de lo intangible: ideas, objetivos, misión, valores, estrategia. Comentamos nuestra filosofía del ministerio y cómo influía en las expectativas de la gente que asistía a nuestros cultos. Estudiamos las estructuras de asistencia y de diezmos.

Y al final de ese proceso tuvimos que entregar una orden para el arquitecto y al final tendríamos un edificio que cumpliera con nuestras necesidades y nuestra futura misión. A diferencia de las decisiones concernientes al tráfico vehicular, las decisiones concernientes a una instalación son mucho más permanentes (y caras). Lo bueno es que parece que tuvo resultados.

¿Estábamos seguros de que nuestras decisiones eran las acertadas? No. Si hubiéramos esperado a tener una certeza absoluta, aún seguiríamos hablando sobre eso. Había que tomar una decisión. Una decisión clara. Y esa decisión, tomada en el ámbito intangible de las ideas y proyectos, se juzgaría más tarde en el mundo real de la asistencia.

El liderazgo consiste en llevar de viaje a la gente. El desafío es que la mayor parte del tiempo le pedimos a la gente que nos siga a lugares en los que nosotros no hemos estado nunca. No existen fotografías. Lo único que tenemos es un mundo de imágenes mentales, metáforas y ejemplos. No hay mapas que nos guíen; lo único que nos queda es abrir camino. Sin embargo, cuando avanzamos hacia la incertidumbre delante de nosotros, sentimos la necesidad de virarnos de vez en cuando y reconfortar a los que nos siguen.

Esta es la tensión con que vive todo buen líder: negociar un territorio incierto mientras ofrece una visión clara y convincente. Siempre hay incertidumbre, pero esta acentúa la necesidad por la claridad.

Piense por un momento en su entorno de liderazgo. ¿Cómo enfrenta la incertidumbre? A la hora de escribir estas palabras, me encuentro a cargo de la mayor iglesia a la que he asistido y la única que he pastoreado. Ningún miembro de mi personal ha ministrado jamás en una iglesia tan grande. Es más, la mayor parte del personal nunca había trabajado antes en una iglesia.

La verdad es que no sabemos lo que hacemos en realidad. Esto es nuevo para todos. Tenemos una idea bastante acertada de dónde queremos que esté la organización dentro de cinco años, pero estamos del todo inseguros de cómo llegar hasta allá. Al igual que usted, nunca hemos estado en el lugar al que les pedimos a los demás que nos sigan. Llegaremos todos juntos por primera vez.

Aun así, no me molesta nada de eso. He aprendido que mi enemigo no es la incertidumbre. Mi responsabilidad no es ni siquiera eliminar la incertidumbre. Mi responsabilidad es llevar claridad al centro de la incertidumbre. Como líder de la próxima generación, esa es también su responsabilidad.

Capítulo ocho

SE LOS DIRÉ CUANDO LLEGUEMOS

Usted no puede responsabilizar a la gente por cosas que
no están claras. Si no está dispuesto a tomar decisiones
con información limitada, no logra conseguir la claridad.
[Las cinco tentaciones de un director ejecutivo]

Ulysses S. Grant es famoso por dos cosas: Ganó la Guerra
Civil para Lincoln y llegó a ser el decimoctavo presidente de los
Estados Unidos. Sin embargo, no logró ninguna de esas dos
cosas por su gran inteligencia ni por una habilidad de liderazgo
superior. Ulysses S. Grant es un nombre que conocemos todos
por ser el primer general del norte que estuvo dispuesto a tomar
decisiones difíciles y plantearlas con claridad en un entorno de
inmensa incertidumbre.

Durante los dos primeros años de la guerra, Lincoln se vio
forzado a depender de un grupo de generales oportunistas, más
ávidos de ascender al liderazgo que de la tarea en sí. Al principio
de la guerra, los generales norteños estaban tan enfocados en
evitar víctimas y pérdidas vergonzosas, que dejaban pasar oportunidades estratégicas. Pasaban más tiempo ejercitando a las
tropas, que ocupándose del enemigo.

El ejército de la Unión tenía personal y equipamiento superior, pero lo derrotaba por un amplio margen el ingenio de
Robert Lee, un hombre que no permitía que la incertidumbre
de la guerra afectara su claridad de mando.

Ulysses S. Grant no era el general más talentoso ni preparado. Antes de la guerra lo expulsaron del ejército por beber y armar camorra. Su historial de conducta temeraria hizo difícil que volviera a filas, pero cuando se hizo evidente que el conflicto iba a durar más de varios meses, en ambos bandos bajaron los niveles requeridos.

A Grant lo nombraron coronel del regimiento 21 de los Voluntarios de Illinois. Después de sus victorias en Vicksburg y Chattanooga, Lincoln tuvo claro que Grant era el general que buscaba. La incertidumbre no lo paralizaba. Era capaz de dar órdenes claras a la luz de una incertidumbre inimaginable. En el contexto de ese tipo de incertidumbre, su claridad de mando cubrió con creces sus defectos personales. En 1864 Lincoln nombró a Grant comandante en jefe. Al final probó ser indispensable para Lincoln.

¿Adónde quiero llegar con esto? Ulysses S. Grant tenía las cosas claras a pesar de la incertidumbre. La incertidumbre de las circunstancias no nubló la claridad de sus órdenes. Igual debe ser con usted si se va a convertir en un líder digno de seguirse.

Como líderes nos podemos dar el lujo de ser inseguros, pero no el de no ser claros. La gente nos seguirá a pesar de que tomemos varias decisiones malas. La gente no nos seguirá si no somos claros en nuestras instrucciones, y no podemos responsabilizar a gente para que responda a directivas confusas. Tampoco le seguirán si usted muestra falta de confianza. Como ya verá más tarde, no le animo a que finja ser alguien que no es, ni saber algo que no sabe. No obstante, como líder debe desarrollar la esquiva habilidad de liderar con confianza y propósito en un terreno inseguro.

Ninguno de nosotros desea equivocarse, sobre todo los líderes. Aunque los líderes de la próxima generación deben temer más la falta de claridad que la falta de exactitud. Es posible que se equivoque y la gente continúe siguiéndolo. No obstante, si no es claro, al final se irán a otro sitio. Usted logra sobrevivir las equivocaciones. No puede sobrevivir siendo confuso.

> Nuestras monedas de veinticinco centavos y los billetes de un dólar nos sirven como un recordatorio constante de que una mala decisión ocasional no nos descalifica como líderes. La gente le seguirá si se equivoca. No le seguirán si no es claro.

Todo gran líder militar, incluso los líderes de negocios, y los entrenadores han tomado alguna que otra mala decisión y han sobrevivido. Hasta sus malas órdenes eran bien claras. En las mentes de los soldados, comerciantes o miembros del equipo no había duda de lo que el general, jefe o entrenador querían que hicieran. Puede que la jugada fuera errónea, pero se realizó a la perfección porque las instrucciones fueron claras.

Mi ejemplo bíblico favorito de este principio está en el libro de Josué. Israel era una nación nueva. Moisés era el único líder que conoció el pueblo. Josué era su aprendiz. El problema era que cuando llegó la hora de que Moisés le pasara las riendas del liderazgo a Josué, el entorno del liderazgo había cambiado por completo. Moisés preparó a Josué en el bello arte de las caminatas. Durante cuarenta años la nación vagó por el desierto. Todas las lecciones que Moisés le enseñó a Josué, o que elaboró pensando en él, tenían que ver con vagar con éxito.

- Caminata 101: Cómo ocuparse de los murmuradores
- Caminata 102: Adecuadas formalidades para el maná
- Caminata 103: Remedios para las mordeduras de serpientes

Sin embargo, terminaron los días de vagar. Ya era hora de entrar en la tierra prometida y conquistar los pueblos que la habitaban. Cuando Josué vio a Moisés que barajaba la muerte debió pensar: *Sé un montón sobre vagar, pero no sé mucho sobre cómo hacer guerras.* Eso se llama incertidumbre. Por eso no es de extrañar que el Señor le dijera estas palabras a Josué: «Ya te lo he ordenado: ¡Sé fuerte y valiente! ¡No tengas miedo ni te desanimes! Porque el SEÑOR tu Dios te acompañará dondequiera que vayas» (Josué 1:9).

Solo hay una razón por la que Dios le dijo a Josué que no temiera: ¡Porque tenía miedo! Estaba ante un territorio nuevo, tanto literal como en sentido figurado. Josué nunca antes hizo esto. Todo en la situación olía a incertidumbre. Lo único que Josué sabía a ciencia cierta era que Dios le dijo: «Ve».

Me encantan los dos versículos que siguen:

> *Entonces Josué dio la siguiente orden a los jefes del pueblo: «Vayan por todo el campamento y díganle al pueblo que prepare provisiones, porque dentro de tres días cruzará el río Jordán para tomar posesión del territorio que Dios el SEÑOR le da como herencia».* (Josué 1:10-11)

El mensaje estaba muy claro. «En tres días vamos a cruzar el río Jordán para tomar posesión del territorio». ¿Se imagina lo que debió pensar la gente?

—Pero Josué, ¿cómo vamos a cruzar el río?

—No estoy seguro, pero dentro de tres días tienen que estar listos para partir.

—Pero Josué, ¿qué vamos a hacer cuando lleguemos al otro lado?

—Se los diré cuando lleguemos. Aun así, salimos dentro de tres días.

Dirección clara frente a la incertidumbre. Si es incapaz de ser claro o no está dispuesto cuando las cosas sean inciertas, no está preparado para asumir más responsabilidades de liderazgo.

Antes de echarle un vistazo a varias formas prácticas de aumentar la cuota de claridad, tengo que advertirle algo: La relación entre incertidumbre y claridad crea con frecuencia una dinámica peligrosa en potencia en el entorno laboral. La persona de su organización que comunique con mayor claridad la visión a menudo la verán como el líder. La claridad se percibe como liderazgo.

Si está a cargo de su organización, la aplicación es clara. Debe ser claro si desea conservar su influencia. No basta con ser el jefe. Debe ser claro. La claridad trae como resultado influencia.

Si no es *el* líder de su organización, existe otra aplicación más complicada de este axioma: A medida que gana claridad, también obtiene influencia. En algún punto su influencia quizá resulte amenazadora para quienes se encuentran por encima de usted en el poder, pero no son claros. Es posible que su claridad la consideren como un acto desleal o un intento de imponer su agenda personal. Si se desarrollara esta dinámica, su mejor jugada es tomar la iniciativa a fin de asegurarles a los que están en autoridad que su intención no es competir, sino fomentar su visión de la organización.

CAPÍTULO NUEVE

CÓMO RESOLVER
LA INCERTIDUMBRE

El caos y la incertidumbre son el mercado
de oportunidades para el sabio.
[TOM PETERS]

LA INCERTIDUMBRE NO ES SU enemiga. La incertidumbre le proporciona seguridad laboral ahora e inimaginables oportunidades en el futuro. Aun así, todo eso depende de su habilidad y disposición para seguir adelante a pesar del entorno. En este capítulo le ofrezco sugerencias prácticas a fin de incrementar la claridad en medio de la incertidumbre.

DETERMINE SU COCIENTE DE CERTEZA

Lo primero de todo es recordar decisiones anteriores y determinar el grado de certeza que logró en el pasado.

Recuerde cuál fue la última gran decisión que tuvo que tomar, preferiblemente una que resultara acertada. ¿Hasta qué punto estaba seguro? ¿En qué momento se lanzó? ¿Estaba ciento por ciento seguro? ¿Cincuenta por ciento? ¿En qué punto se sintió a gusto al apretar el gatillo de la decisión? Recuerde ahora alguna ocasión en que eligió mal. ¿Hasta qué punto estaba seguro? ¿Menos que la ocasión anterior? ¿Más?

Es importante saber esto. Si al mirar atrás determina que su mejor decisión se tomó con setenta y cinco por ciento de certeza, por ejemplo, ese es su cociente de incertidumbre. Hablando en términos generales, es probable que nunca vaya a estar más seguro que ochenta por ciento. Esperar a tener mayor certeza quizá haga que se pierda esta oportunidad. Dependiendo de su personalidad, ninguna cantidad de información puede llevarle a pasar a cierto grado de seguridad.

Yo casi nunca paso de ochenta por ciento.

De acuerdo, es cierto que hablamos de porcentajes muy inexactos. No existe ningún punto de referencia que mida su cociente de certeza, excepto quizá la certeza de los líderes que lo rodean. Así que al recordar sus decisiones pasadas, obtendrá una impresión general de cuándo actuó mejor.

EXPRESE CON CONFIANZA SU INCERTIDUMBRE

En el liderazgo existe siempre la tentación de fingir saber más de lo que sabemos en realidad. Tememos que la gente solo nos siga si parece que lo sabemos todo.

Una de las razones por las que somos propensos a esta forma de pensar es que mentalmente les ponemos esa etiqueta a todos los líderes que nos rodean. Los miramos y damos por sentado que solitos, sin ningún tipo de dudas, navegan con éxito por la corriente de la incertidumbre. Cuando somos nosotros los que nos encontramos en posiciones de liderazgo, nos sentimos presionados a llevar la misma etiqueta. «Los buenos líderes siempre lo saben todo», nos decimos. Entonces, cuando no sabemos algo (lo cual es casi siempre), sucumbimos ante la presión de fingir.

Cuando fingimos, siempre suceden dos cosas. En primer lugar, nos cerramos a las sugerencias de otros. Y en segundo lugar, exponemos nuestra inseguridad ante la gente a la que le pedimos que nos siga. Las personas inteligentes que le rodean se darán cuenta de si los está engañando. El fingimiento merma el respeto con más rapidez que el reconocimiento de la incertidumbre. Esta da muestras de falta de conocimiento. El fingimiento da muestras de falta de carácter.

> Decir «No lo sé» cuando no sabe algo es síntoma de un buen liderazgo. Fingir saber cuando no se sabe es síntoma de inseguridad. El que finge solo se engaña a sí mismo.

Al expresar su falta de seguridad, les permite a los líderes que lo rodean que hagan lo mismo. Les envía un mensaje importante: En esta organización se acepta no saber. No se acepta fingir que se sabe, cuando no sea así. Como líder, es fundamental que sepa lo que la gente que le rodea sabe y no sabe.

Una cultura corporativa, que aliente esta clase de sinceridad y transparencia, será una que albergue un libre intercambio de ideas. Será una organización en la que se aprenda. En cambio, en una organización en la que se supone que cada persona ya lo sabe todo, nadie hará preguntas. Y si dejamos de preguntar, dejamos de aprender.

Entonces, ¿cómo expresa un líder su incertidumbre de forma que inspire confianza? Mi cuñado es agente inmobiliario de gran éxito en la zona de Atlanta. Sus padres comenzaron con su empresa hace treinta y cinco años. Cuando Rob se acababa de meter en el negocio, su mamá le dijo una frase preciosa que él ha usado desde aquel entonces. Es un ejemplo perfecto de confianza al encarar la incertidumbre. «No lo sé, pero estoy seguro de que lo voy a averiguar».

Yo seguiré a un líder que no sabe, pero que se ha comprometido a seguir. Y usted también. No seguiré a un líder que finge saber y no hace nada para paliar su ignorancia.

Aquí hay varias frases que debe atesorar para usarlas en el futuro:

- «Ahora mismo no lo sé, pero estoy seguro de que lo vamos a resolver».

- «Ahora mismo no lo sé, pero cuando llegue el momento de hacer algo, estoy seguro de que tendremos alguna respuesta».

- «No lo sé, pero con personas como ustedes a mi alrededor, estoy seguro de que se nos ocurrirá alguna solución».

- «No lo sé. Nunca antes he hecho esto. Aun así, creo que estamos preparados para el desafío».

No finja. Usted no es líder por saberlo todo. La omnisciencia no es un prerrequisito. La confianza sí lo es. Exprese su incertidumbre con confianza. Al hacerlo, les infundirá confianza a quienes decidieron seguirlo.

PIDA CONSEJO

La tercera cosa que puede hacer para asegurarse de ser claro en medio de la incertidumbre es buscar buenos consejos. El liderazgo no consiste en tomar decisiones uno solo, sino en hacer suyas las decisiones una vez tomadas. Si no sabe algo, pregúntelo. Si no está seguro, averigüe lo que piensan otros. El consenso proporciona confianza al encarar la inseguridad. Cuando las personas que respetamos asienten con la cabeza en señal de aprobación, enseguida nos llenamos de confianza.

En 1995, después de llegar a la conclusión de que debería plantar una iglesia nueva, fui a hablar con Ron Blue. Ron siempre sabe cuáles son las preguntas que debe plantear, muchas veces incómodas. Después de mi discurso acerca del porqué, dónde y cómo, me miró, sonrió y dijo dos palabras que me llenaron de confianza: «Bien pensado».

No les puedo explicar lo que hicieron en mí esas dos palabras. No borraron la incertidumbre, pero fortalecieron mi resolución de seguir adelante.

No es casualidad que Salomón, el hombre más sabio que existiera, fuera el autor bíblico que más escribiera sobre buscar consejo. El hombre que menos parecía necesitarlo era el más convencido de su necesidad. Otra cosa interesante sobre la insistencia de Salomón en buscar consejo es que era rey. Los reyes no necesitan consejos, ¿verdad? Son los gobernantes supremos. A lo largo de toda la historia de Israel, Dios colocó reyes que necesitaban consejo. Algunos lo buscaron. Otros no. Casi todos los que no lo hicieron pagaron un precio muy alto en su liderazgo.

¿Cuál es la lección? Tampoco los líderes designados por Dios saben todo lo que necesitan saber. Una vez más, la omnisciencia no es un requisito para el liderazgo, pero sí lo es la disposición a escuchar. Regresaremos a este asunto en la sección cuatro.

Mida su éxito por el marcador, no por el historial de las jugadas

Todo entrenador toma parte en un partido con intenciones de ganar. Eso lo tiene muy claro. Y todo buen entrenador va al partido con una estrategia, con un plan. Aun así, todo buen entrenador está dispuesto a descartar su plan para ganar. El objetivo es ganar y no realizar ciertas jugadas. Los entrenadores miden su éxito por el número de puntos en el marcador, no por el número de jugadas realizadas con éxito.

Los líderes, al igual que los entrenadores, se ven obligados a dejar a un lado sus planes para cumplir la visión. La incertidumbre del paisaje requerirá una constante reevaluación de sus planes.

El líder que se niegue a descartar o revisar sus planes, pocas veces llega a su destino.

La claridad de la visión compensará la incertidumbre al planear. Si está claro y seguro en cuanto a su destino, resolverá unos cuantos desvíos a lo largo del camino. Si no tiene claro cuál es su destino, hasta la estrategia más sofisticada, bien pensada y revisada resultará inútil.

Es posible que esté más seguro de su visión que de sus planes. En la esfera de los planes y las decisiones es donde los líderes se enfrentan a la mayor incertidumbre. Siempre habrá un elemento de incertidumbre en todo lo relacionado con planes. Eso es de esperar. Los planes cambian; las visiones siguen siendo las mismas.

La claridad de la visión (ganar el partido) se traduce en una mayor disposición a liderar con un propósito en entornos inciertos. Una visión clara, que de verdad se haya apoderado de nuestros corazones, tiene la habilidad de empujarnos en medio de la incertidumbre. Si estoy convencido de que algo debe ser, estoy dispuesto a aprovechar las oportunidades. En el campo de la visión siempre es mejor probar y fallar que no probar nunca. Si a un líder lo domina una visión clara de lo que podría y debería ser, se sentirá obligado a dar directrices claras y concretas.

Como líder de la próxima generación se verá obligado a abandonar sus planes de vez en cuando. Aclare su visión y acepte la incertidumbre de sus planes. Anote sus planes. Escriba con tinta su visión.

En la escalofriante película de la Segunda Guerra Mundial, *U-571*, Matthew McConaughey interpreta el papel de Andy Tyler, teniente del submarino, a quien se le niega una oportunidad de comandar su propio submarino. Luego resulta que fue su oficial de mando el capitán Dahlgren, quien animó a la Marina a no ascender a Tyler.

En un diálogo conmovedor, Tyler desafía la decisión de su superior. Le asegura al capitán que está calificado. Insiste en que no solo es capaz de realizar cualquier tarea en el submarino, sino que estaría dispuesto a dar la vida por cualquiera de los hombres de la tripulación.

En ese momento, el capitán Dahlgren, interpretado por Bill Paxton, mira al joven teniente y le dice: «Yo no pongo en duda su valor. ¿Está dispuesto a poner en juego *sus* vidas?

A Tyler le sorprendió la pregunta. Antes de que lograra responder algo, el capitán Dahlgren continuó de esta forma:

Ya ve, usted duda. Los capitanes no pueden dudar. Tiene que actuar. Si no lo hace, pone en riesgo a toda la tripulación. Ahora bien, ese es el trabajo. No es ninguna ciencia. Tiene que ser capaz de tomar decisiones difíciles, basadas en información imperfecta, pidiéndoles a los hombres que ejecuten órdenes que podrían traer como consecuencia su muerte. Y si se equivoca, sufre las consecuencias. Si no está preparado para tomar esas decisiones, sin retardarlas, sin reflexionar, lo suyo no es ser capitán de un submarino.

Cuando Tyler se marcha de la oficina del capitán Dahlgren, su mirada lo dice todo. Mirar con atención el liderazgo a través de esta lente concreta lo hizo dudar de su preparación para liderar.

La incertidumbre no va a ser su perdición como líder. Sin embargo, es posible que su incapacidad para dar directrices claras en medio de la incertidumbre lo elimine o lo conduzca enseguida a un período de estancamiento en su carrera.

PARA SER UN LÍDER EFICIENTE...

■ Sea claro aun cuando no esté seguro. De lo único que podemos estar seguros es del pasado. Todo lo que suceda a partir de este momento son solo conjeturas. Una vez que se da cuenta de esto, estará dispuesto a tomar decisiones con información limitada.

■ Reconozca que la claridad de la visión es más importante que la seguridad del resultado. Todo gran logro comenzó como una idea que contrastaba con la realidad presente de alguien. Al principio siempre hay suficiente incertidumbre como para cortar una visión, de ahí la necesidad del liderazgo.

■ Recuerde que la claridad se percibe como liderazgo. La claridad crea su propia influencia y su propio ritmo. A fin de cuentas, el que pinte la imagen más clara se verá como líder.

■ No finja. Cuando acepte lo que no sabe, también lo hará la gente que le rodea. Una de las peores cosas que puede hacer un líder es fingir que tiene todas las respuestas; hacer eso significa poner su misión en un aprieto innecesario.

■ Sea flexible. La incertidumbre hará estragos en sus planes, pero no permita que descarrile su visión. Grabe la visión en piedra.

DESAFÍO PARA LA PRÓXIMA GENERACIÓN

1. ¿Es claro en sus directivas?

2. ¿La incertidumbre de su entorno ha empañado su visión?

3. ¿Qué resulta más dañino para los miembros de su organización: directrices claras que cambian a medio camino o directrices confusas que son difíciles de seguir?

4. ¿Responderían estas preguntas todas las personas de su organización?:

   • ¿Qué estamos haciendo?   • ¿Cuál es mi función?

5. ¿Hasta qué punto le resulta fácil reconocer sus malas decisiones?

ENTRENAMIENTO

EL ENTRENAMIENTO LE PERMITE AL LÍDER LLEGAR MÁS LEJOS Y MÁS RÁPIDO

Capítulo diez

ESCUCHAR Y APRENDER

Creo que la estrategia más eficaz para
mejorar el rendimiento y para infundir
satisfacción es brindar información
acerca del resultado de un proceso.
[Ken Blanchard]

En 1972 la directora de jóvenes de nuestra iglesia decidió premiar a nuestro equipo de baloncesto de la iglesia con un viaje a Disney World. No estoy muy seguro de por qué una adulta con uso de razón quería llevarse a dieciocho adolescentes a un viaje en el que pasarían la noche fuera. Sin embargo, ya en ese entonces Mary Gellerstedt era famosa por correr riesgos.

Sea como sea, tengo tres recuerdos distintos de aquel viaje: jugar a la guerra en el naranjal cercano a nuestro hotel, escuchar por primera vez «Tiny Dancer», de Elton John y decidir que sería mi canción favorita para toda la vida, y enseñarle a Scott Ward a dar un mortal y medio con giro en la piscina del hotel.

Scott Ward era y sigue siendo el individuo con menos miedo que conozco. Al regresar de un emocionante día en el parque de atracciones, todos nos fuimos a la piscina. Mientras el resto de nosotros se contentó con meterse en el agua, Scott decidió que aprovecharía el tiempo para perfeccionar el mortal y medio con giro.

Su primer intento fue deprimente. Los siete gritamos cuando Scott cayó de cabeza. Cuando iba de regreso al trampolín, le sugerí que se colocara un poco más firme y que se lanzara un poco antes. Lo hizo. El resultado fue que salió de su segundo intento casi sin dolor.

Siguió así durante una hora: Scott sacrificando su cuerpo y yo haciéndole sugerencias. Poco después, Scott acabó de perfeccionar el mortal y medio con giro. No le salía muy bien, pero tampoco le dolía.

Cuando se acercaba por última vez al trampolín, nuestra directora de jóvenes me dijo: «Andy, yo no sabía que tú supieras lanzarte desde el trampolín». Le contesté que no sabía. Scott se detuvo en la escalerilla a medio camino y me miró sorprendido. «¿Quieres decir que tú no sabes hacerlo?». Asentí con la cabeza y me eché a reír. «¿Estás hablando en serio? De haberlo sabido no lo habría ni intentado». En ese momento Scott decidió olvidar su último intento, me agarró y me tiró a la piscina.

Esa fue mi primera experiencia como entrenador. Y de esa experiencia aprendí una lección muy valiosa: Nunca le sugieras a Scott Ward que haga algo que tú mismo no estés dispuesto a hacer.

En realidad, saqué dos cosas de aquella experiencia:

1. Voy más lejos y más rápido con alguien entrenándome que lo que puedo hacer por mi cuenta.
2. Un entrenador eficiente no tiene por qué tener más habilidad que la persona que entrena.

Sin entrenamiento, nunca llegará al máximo de su potencial en ningún campo. Es imposible. Quizá sea bueno. Quizá sea el mejor de todos. Aunque sin estímulos externos nunca llegará a ser tan bueno como podría ser. A todos nos salen mejor las cosas si alguien nos observa y evalúa.

Hace poco leí una entrevista que le hicieron a Gil Reyes, preparador físico de Andre Agassi. La idea de que Agassi tenga un entrenador parece un poco extraña en sí. ¿Para qué *necesita* un entrenador? ¿Qué otra cosa aprendería sobre el tenis? ¿Y qué aprendería de un tipo que no es tan bueno como él en la cancha? Esta es la respuesta: muchas cosas. Andre sabe lo que sabe todo gran atleta. Para dar de sí todo lo que puede dar, necesita sugerencias de otra persona.

Durante la entrevista, Agassi no se quedó corto a la hora de rendirle tributo a Reyes:

> Para mí es inconmensurable lo mucho que Gil ha influido en mi carrera, sobre todo mientras me hago mayor. Al igual que en cualquier otra profesión, [el tenis] requiere ciertos juicios sutiles de valor que son cruciales. Y creo que Gil es el número uno en el mundo a la hora de tomar esas decisiones[23].

Al final del artículo, el escritor hace esta observación: «A medida que pasan los meses y los años, y la edad se va convirtiendo en un obstáculo en la vida de Agassi, la influencia de Reyes será incluso más valiosa».

Agassi es lo suficiente sabio para darse cuenta de que la edad y la experiencia no merman la necesidad de un entrenador. A decir verdad, lo cierto es lo contrario. La edad y la experiencia no nos hacen necesariamente mejores. La edad y la experiencia tienden a dejarnos en una rutina, haciendo lo mismo de la misma forma, sin nadie a nuestro alrededor que nos estimule hacia el cambio.

Piénselo: Cada sobresaliente atleta y equipo deportivo tiene un entrenador. En el mundo del deporte nadie se abre camino sin necesitar a un entrenador. En cambio, en el mundo del liderazgo operamos bajo la falsa suposición de que como somos líderes no necesitamos que nos lideren. Una vez que se nos reconoce nuestra habilidad de «actuar», creemos que no necesitamos sugerencias externas a fin de perfeccionar nuestro desempeño. Por consiguiente, medimos nuestro liderazgo según lo que hagan los demás, en lugar de hacerlo según el potencial que nos ha dado Dios. Y al final no llegamos a ser todo lo que podríamos ser.

> Para ser el mejor líder posible de la próxima generación, debe utilizar la ayuda de otros. La evaluación propia ayuda, pero la evaluación de otra persona es esencial. Usted necesita un entrenador de liderazgo.

Tenemos la tendencia de medirnos contra las personas que nos rodean. Estas se convierten en nuestro punto de referencia. Un buen entrenador examinará su desempeño contra su propio potencial. Un entrenador le ayuda a medir su rendimiento, comparándolo con sus propias fuerzas, en vez de contra las de otra persona. Un entrenador sabrá de qué es capaz usted y le empujará hasta el límite.

Durante mi primer año en la universidad tomé un curso avanzado de retórica con el catedrático del departamento, el doctor Rifkin. Era un gran profesor y muy respetado entre los estudiantes y el personal docente. Aunque no me acuerdo demasiado de sus clases, nunca olvidaré lo que me dijo cuando le pedí explicaciones sobre la nota que me puso en mi primer discurso.

Éramos unos quince alumnos en aquel curso. Cada uno de nosotros tenía que dar un discurso persuasivo sobre un tema de elección propia. A mí me resultaba fácil hablar en público.

Aunque, claro, ese no era el caso de la mayoría de los estudiantes de la clase. Es más, varias presentaciones eran terribles en el mejor de los casos. No recuerdo cuál fue mi tema, pero sí me acuerdo que pensé que mi discurso fue mucho mejor que el de casi todos los demás estudiantes.

Dos días más tarde el doctor Rifkin nos devolvió nuestros bosquejos con la nota puesta. Por casualidad me di cuenta de que el muchacho que se sentaba a mi derecha había sacado una B+, y a la chica que se sentaba a mi derecha le puso una A-. Si se comparaban sus discursos con el mío, me merecía una A.

Cuando el doctor Rifkin me devolvió mi bosquejo, me quedé sorprendidísimo al ver que me había dado una B. ¿Una *B*? Imposible. No había comparación.

Después de la clase me acerqué al fondo del aula para defender mi caso. El doctor Rifkin me escuchó con paciencia, sonrió y dijo: «Tú eres capaz de mucho más de lo que nos diste hoy».

Tenía razón. Yo estaba improvisando. Al igual que hacen los buenos entrenadores, el doctor Rifkin no me daba los puntos basándose en lo que hicieron los demás, sino en lo que percibía como mi potencial.

Definir el papel de un entrenador en el mundo del deporte nos resulta fácil, ya que la mayoría de nosotros hemos recibido entrenamiento deportivo en algún momento de nuestra vida. Además de eso, muchos nos hemos visto con un silbato colgado del cuello. Algunos consideran una gran oportunidad poder entrenar al equipo de fútbol de sus hijos. En mi caso fue el resultado de que Sandra diera por hecho que al apuntarme como entrenador de fútbol yo pasaría más tiempo de calidad con nuestros hijos varones. El hecho de que no tuviera la más mínima idea del fútbol era algo secundario. A ella le pareció una gran oportunidad y al final estuve de acuerdo.

Definir el papel de un entrenador en el ámbito del liderazgo es un desafío mayor. Entre otras cosas, los entrenadores del liderazgo no son tan visibles. A diferencia de algunos entrenadores de baloncesto, a quienes se suele ver corriendo de arriba abajo, gritándoles instrucciones a sus jugadores, el entrenador de liderazgo opera entre bastidores. A diferencia del entrenamiento del mundo del deporte, en tiempo real y tiempo de partido, el entrenador de liderazgo solo se da a conocer antes y después del partido.

Por consiguiente, hay hombres y mujeres en el mercado laboral y en el ministerio de quienes erróneamente pensamos que «lo hicieron» solitos, que son lo que son solo debido al talento y la disciplina. No obstante, cuando uno se adentra en sus historias verá que todos tuvieron con frecuencia a una o dos personas clave que los entrenaron para el éxito.

Una de las mejores formas de entender el papel de un entrenador de liderazgo es comparar el entrenamiento con tres disciplinas conocidas: consejería, asesoría y tutoría[24].

CONSEJERÍA

El trabajo de un consejero consiste en ayudar a un individuo a resolver asuntos del *pasado* a fin de actuar con más eficiencia en el *presente*. En cambio, un entrenador nos ayuda a evaluar el *presente* a fin de operar con más eficiencia en el *futuro*.

ASESORÍA

Es típico que se contrate a un asesor por un tiempo breve de modo que resuelva un problema concreto. La relación con el entrenador suele ser a mediano o largo plazo. El entrenamiento no se centra en resolver problemas, como hace el asesor, sino que se enfoca en perfeccionar el desempeño.

TUTORÍA

Por lo general, un tutor es una persona mayor y más experimentada que brinda consejo y apoyo a un individuo más joven y menos experimentado en un campo concreto. El entrenamiento abarca todos los elementos de una relación con un tutor y también algunos más. La diferencia fundamental es que en una relación de entrenamiento, el entrenador suele tomar más iniciativa con relación a cuándo y cómo se pasa la información.

A diferencia de la típica relación con un tutor, un entrenador de liderazgo no da consejo solo cuando se le pide. El entrenador va a ser más activo en su instrucción y evaluación. Un entrenador suele estar más en la escena, observando, que en una oficina esperando un informe.

En el mundo del deporte el entrenador no se guarda su opinión hasta que se la piden. Ni se sienta a ver a su protegido cometer el mismo error una y otra vez sin decir nada. De la misma forma, un buen entrenador de liderazgo hará todo lo que esté a su alcance para asegurar el progreso. Al igual que un entrenador deportivo, un entrenador de liderazgo opera como si tuviera algo en juego. Un partido ganado por la persona que entrena es uno ganado por él también. Los triunfos y las derrotas son algo personal. Los buenos entrenadores de liderazgo operan como si tuvieran intereses en nuestra actuación.

Por muy obvio que parezca, hay algo en muchos de nosotros que se resiste a recibir entrenamiento en el ámbito del liderazgo. Estamos dispuestos a gastar escandalosas cantidades de tiempo y dinero en mejorar nuestros tiros al hoyo, saques y golpes, pero cuando se trata de nuestro liderazgo, nos resistimos a las sugerencias. Quizá se deba a la forma de ser de los líderes. Quizá sea por orgullo. No lo sé. Aun así, en más de una ocasión he interactuado con líderes jóvenes que tenían un gran potencial, pero que eran intocables.

En el próximo capítulo daremos un vistazo a lo que puede pasar cuando un líder se niega a someterse al consejo de otros.

CAPÍTULO ONCE

EL REY QUE NO ESCUCHÓ

Escuche esto el sabio, y aumente su saber;
reciba dirección el entendido.
[PROVERBIOS 1:5]

LOS GRANDES LÍDERES SON GRANDES alumnos. Sin embargo, el aprendizaje da por sentado una actitud de sumisión. Y la sumisión no es algo con lo que se sientan cómodos todos los líderes. La sumisión es lo que hacen los demás, a los que hay que liderar. Es muy fácil que nuestras fortalezas se conviertan en debilidades. Y eso sucede con la actitud de un líder hacia la sumisión. Esto es especialmente cierto en los primeros años de la vida de un líder de la próxima generación: esos años en que estamos seguros de que ya lo sabemos todo y que lo único que necesitamos es una oportunidad de probarlo.

El empleo de un entrenador de liderazgo exige del líder una disposición a someterse al consejo y a la instrucción de otros. *Si a usted no se le puede enseñar, tampoco se le puede entrenar.* Es lamentable, pero mientras más jóvenes somos, más creemos que sabemos y es menos probable que nos coloquemos de forma genuina bajo la influencia de un entrenador de liderazgo. Esto es bien cierto si nos consideramos más capaces, apasionados o con más talento que la gente que nos rodea.

Es por eso que siempre me ha fascinado que Salomón, el hombre más sabio que existiera jamás, escribiera tanto acerca de buscar consejo sabio. Como señalamos en la sección anterior, dijo más sobre la importancia del consejo sabio que todos los otros autores·bíblicos juntos.

Piénselo: ¿Por qué quién más lo recomendó fue el hombre que menos lo necesitaba?

Sencillo: Era el hombre más sabio del mundo. *La sabiduría busca el consejo*. El sabio conoce sus límites. El necio es el que cree que no tiene ninguno. Solo el ingenuo actuaría dando por sentado que es capaz de hacer bien las cosas sin sugerencias externas.

He aquí algunos pensamientos de Salomón sobre buscar consejo:

- Escuche esto el sabio, y aumente su saber; reciba dirección el entendido. (Proverbios 1:5)
- Al necio le parece bien lo que emprende, pero el sabio atiende al consejo. (Proverbios 12:15)
- Cuando falta el consejo, fracasan los planes; cuando abunda el consejo, prosperan. (Proverbios 15:22)
- Atiende al consejo y acepta la corrección, y llegarás a ser sabio. (Proverbios 19:20)

El valor de rodearse de consejeros sabios fue algo que Salomón le legó a su hijo Roboán, pero no el valor de *escuchar* su sabio consejo. Roboán no estaba dispuesto a hacer caso del consejo de los que eran mayores y más sabios, y eso le costó muy caro.

Cuando murió el rey Salomón, el pueblo de Israel se congregó en la ciudad de Siquén para coronar como rey a su hijo Roboán. No obstante, antes de la coronación, el pueblo designó a Jeroboán para que le presentara una sencilla petición al joven heredero al trono: «Su padre nos impuso un yugo pesado. Alívienos usted ahora el duro trabajo y el pesado yugo que él nos echó encima; así serviremos a Su Majestad» (1 Reyes 12:4).

Durante los últimos años del reinado de Salomón, Roboán se desvió del sendero de la sabiduría. En esos días Salomón se obsesionó con convertir a Israel en un epicentro de cultura. Esto lo logró en primer lugar por medio de una agresiva campaña de edificación. Los ciudadanos de Israel aguantaron lo peor de su ambición. Los impuestos eran muy altos y se vieron obligados a emplear una exagerada cantidad de tiempo en la construcción. Incluso como súbditos leales al rey y ciudadanos de Israel, los redujeron a la condición de esclavos.

Cuando murió Salomón, el pueblo necesitaba un descanso. Así que fueron a Roboán para ofrecerle apoyo con la condición de que liderara de forma diferente a su padre.

Roboán les respondió con sabiduría:

—Váyanse por ahora —respondió Roboán—, pero vuelvan a verme dentro de tres días.

Cuando el pueblo se fue, el rey Roboán consultó con los ancianos que en vida de su padre Salomón habían estado a su servicio.

—¿Qué me aconsejan ustedes que le responda a este pueblo? —preguntó. (1 Reyes 12:5-6)

Hasta aquí, todo marcha bien. Roboán se tomó tiempo e invitó a otras personas a participar en el proceso de la decisión. Su padre le había enseñado bien.

Y analice quiénes eran sus entrenadores: «los ancianos que en vida de su padre Salomón habían estado a su servicio». Fue otra buena decisión. Los consejeros de su padre estaban en una posición perfecta para guiarlo por ese difícil proceso de decidir.

Tenían la ventaja de la edad, además de la oportunidad de observar y de ofrecer sugerencias.

He aquí lo que le dijeron:

> —*Si Su Majestad se pone hoy al servicio de este pueblo* —respondieron ellos—, *y condesciende con ellos y les responde con amabilidad, ellos le servirán para siempre.*
> (1 Reyes 12:7)

Los consejeros de Roboán sabían que los grandes líderes son grandes siervos. Salomón perdió de vista esto en el ocaso de sus años. Ahora a Roboán se le presentaba la oportunidad de recobrar los corazones del pueblo. En fuerte contraste con su padre, en vez de solo gobernar al pueblo, lo lideraría.

Con todo, al igual que muchos de nosotros cuando somos jóvenes y ah tan listos, Roboán no estaba dispuesto a escuchar. No le interesaba servir a nadie. Ese consejo le debe haber sonado como el parloteo de hombres viejos, cuyos días ya habían pasado. Además, ¿a quiénes lideraron ellos? ¿A quiénes gobernaron?

Los líderes de la próxima generación deben darse cuenta que los *logros* de un entrenador no los hace un valioso aliado en el cometido del liderazgo. La mayoría de las veces su valía no es siquiera lo que *sabe*. Lo que cuenta es lo que *ve*.

Los ancianos veían algo que Roboán no podía ver. Veían un grupo de hombres y mujeres deseosos de seguir. Veían un rey joven que no entendía la relación entre el privilegio y la responsabilidad.

> El líder sabio escucha el consejo sabio. ¿Dónde encuentra consejo el líder de la próxima generación? De los que tienen la ventaja de la edad y la oportunidad para observar.

Aquí reside el poder del entrenamiento. Si Roboán hubiera escuchado, habría llegado más lejos y más rápido como rey. Habría llevado su reino más allá de su habilidad y madurez naturales. Al escuchar a quienes tenían la ventaja de la edad y de la observación, se hubiera establecido en la mente del pueblo como un líder sabio y digno de confianza.

Aun así, esto no fue lo que sucedió:

Pero Roboán rechazó el consejo que le dieron los ancianos, y consultó más bien con los jóvenes que se habían criado con él y que estaban a su servicio.

—¿Ustedes qué me aconsejan? —les preguntó—. ¿Cómo debo responderle a este pueblo que me dice: "Alívienos el yugo que su padre nos echó encima"?

Aquellos jóvenes, que se habían criado con él, le contestaron:

—Este pueblo le ha dicho a Su Majestad: "Su padre nos impuso un yugo pesado; hágalo usted más ligero". Pues bien, respóndales de este modo: "Mi dedo meñique es más grueso que la cintura de mi padre. Si él les impuso un yugo pesado, ¡yo les aumentaré la carga! Y si él los castigaba a ustedes con una vara, ¡yo lo haré con un látigo!" (1 Reyes 12:8-11)

Los amigos de Roboán no tenían ni más sabiduría ni más perspectiva que él. Roboán estaba cegado por el poder, y ellos también estaban cegados por la perspectiva de estar cerca del hombre en el poder. Le dijeron lo que él quería escuchar, y él se fue con esto.

Tres días más tarde volvieron a convocar al pueblo. Roboán les dio su respuesta. Les dijo que gobernaría de forma tal que anhelarían los días de su padre. ¡No estaba allí para servir, sino para gobernar!

Al realizar esta audaz afirmación, Roboán daba por sentado algo que muchos líderes suponen de manera errónea. Se imaginó que solo por su posición ya tenía asegurada la lealtad del pueblo. No era lo bastante maduro como para entender que todo seguidor es voluntario. Si se abusa de la posición de líder, se perderán a quienes se lidera. Nadie *tiene por qué* seguir a alguien. Usted no puede obligar a la gente, ni quiera a los súbditos, a seguirlo. Quizá los pueda forzar a la sumisión, pero no a convertirse en seguidores leales.

Podemos alquilar sus manos, brazos, piernas y espaldas, y el mercado nos ayudará a decidir cuánto pagar de alquiler. Entonces, ¿acaso no son voluntarios en el más estricto sentido de la palabra? ¿No tienen la libertad de marcharse? ¿Acaso no pueden cruzar la calle y trabajar para otro jefe por cincuenta centavos más la hora? ¿O incluso cincuenta centavos menos si de verdad no les gustamos? Claro que pueden. ¿Y qué pasa con sus corazones, mentes, entrega, creatividad e ideas? ¿No son acaso dones que se ofrecen de forma voluntaria? ¿Se puede encargar o exigir la entrega? ¿La excelencia? ¿La creatividad?[25]

Por lo general, la gente no sigue a los gobernantes. Sigue a los *líderes*. Roboán lo aprendió a las malas.

Cuando se dieron cuenta de que el rey no iba a hacerles caso, todos los israelitas exclamaron a una:
«¡Pueblo de Israel, todos a sus casas!
¡Y tú, David, ocúpate de los tuyos!
¿Qué parte tenemos con David?
¿Qué herencia tenemos con el hijo de Isaí?»
(1 Reyes 12:16)

Al escuchar la estrategia de liderazgo de Roboán, diez de las doce tribus de Israel optaron por no seguirlo. Él prestó atención al consejo de quienes le dijeron lo que quería escuchar y el resultado fue una revolución. Y Roboán no podía hacer nada en cuanto a eso. En su prisa por gobernar perdió la oportunidad de liderar. Perdió exactamente lo que trataba de preservar. Lo que debió ser su momento de grandeza se convirtió en su momento más embarazoso. Al fingirse rey poderoso, perdió el reino. Tuvo la oportunidad de convertirse en el próximo rey de Israel y lo dejó escapar entre los dedos.

Y todo por no estar dispuesto a escuchar el consejo de quienes estaban allí para ayudarle a llegar más lejos y más rápido.

Cuando elaborábamos nuestros planos para nuestro primer centro de culto, le dije al arquitecto que no incluyera un bautisterio. Según mi experiencia, los bautizos siempre se incluían al principio o al final de los cultos. Los que se bautizaban nunca tenían oportunidad de contar sus historias. Siempre parecía que teníamos prisa. Y sin contar a la familia de los que se bautizaban, a nadie más parecía interesarle lo que sucedía.

Yo quería que nuestros cultos de bautismos fueran una celebración. Por eso pensé que lo mejor sería construir una piscina al aire libre para los bautizos. A los miembros de nuestro personal, todos de mi misma edad, les pareció una idea muy buena. Nosotros seis estábamos convencidos de que al poner el bautisterio al aire libre le traeríamos una vida nueva a esta ordenanza sagrada.

Cuando les presenté los planos del edificio a los ancianos de nuestra iglesia, todos eran mayores que yo, una de las primeras preguntas que me hicieron fue: «¿Dónde está el bautisterio?». Sonreí y comencé mi muy ensayada explicación sobre por qué sería un error poner el bautisterio dentro del santuario. Sabía que esta tarea no sería nada fácil, así que me esforcé por presentarles una imagen de lo emocionante que sería congregarse alrededor de un bautisterio al aire libre y celebrarlo cuando la gente saliera del agua.

Los once hombres que asistieron esa noche escucharon con paciencia mi apasionada defensa. Entonces uno por uno expresó su oposición a mi «brillante» idea. Después de discutirlo durante varios minutos, lo llevamos a votación. La votación final fue de once a favor de poner el bautisterio dentro del santuario y uno en contra.

Salí de la reunión convencido de que acabábamos de votar para construir algo que nunca usaríamos. Estaba seguro de que cuando estuviéramos en el edificio, se les haría la luz y accederían a que tuviéramos el bautisterio en otro lugar. Aunque sentía mucho respeto por esos hombres, me daba la impresión de que su aprecio por la tradición les nubló el entendimiento. Al final, me decía, terminarán por aceptar mi forma de pensar.

Una semana después nuestro arquitecto me trajo los planos nuevos para el santuario, con un bautisterio dentro. Sus dibujos confirmaron mis temores. El diseño contemporáneo de nuestro santuario no dejaba espacio para un bautisterio en el centro. Por consiguiente, se vio obligado a colocarlo a un costado. Eso arruinaba el equilibrio de toda la sala. Me sentí muy frustrado. No solo que estábamos gastando dinero para construir un bautisterio que nunca íbamos a usar, sino que iba a estropear todo el edificio.

La verdad es que sentí la tentación de pasar por alto la decisión de los ancianos, pero me educaron en la idea de que Dios trabaja mediante canales de autoridad. Y, me gustara o no, los ancianos, y no yo, eran la autoridad de la iglesia. Por lo tanto, retiré mis manos y lo solté. Después de todo, siempre se podría usar como escenario para un guiñol.

Ahora, cinco años más tarde, me siento mal cuando recuerdo lo cerca que estuve de pasar por alto el consejo de ese grupo de hombres que sabían discernir. Los bautizos son el punto culminante del culto de la mañana. La gente aplaude, aclama, silba, se para, abraza, llora. Es realmente increíble.

A todos los que se bautizan en North Point se les pide que traigan grabado en vídeo un testimonio de dos o tres minutos del porqué se bautizan. Los testimonios se ven antes de cada bautismo. Muchos domingos a mí me gustaría simplemente terminar el culto después de los bautismos. Las historias lo dicen todo. Y cada vez que alguien entra en el agua de ese bautisterio, me acuerdo de lo equivocado que estaba y de lo tonto que habría sido si hubiera manipulado el sistema para hacer las cosas a mi manera.

Tengo más en común con Roboán de lo que me gustaría reconocer. Quizá usted también. Cuando tomo una decisión, la verdad es que no quiero que nadie me diga que no es una buena idea. Todos los líderes que conozco se inclinan en esa misma dirección. Por eso Dios, en su sabiduría, ha puesto a nuestro alrededor a hombres y mujeres que tienen la experiencia y el discernimiento que a veces nos faltan a nosotros.

Si somos lo bastante sabios como para escuchar, ellos nos ayudarán a llegar más lejos y más rápido.

CAPÍTULO DOCE

LO QUE HACEN
LOS ENTRENADORES

Los entrenadores se enfocan en las posibilidades
futuras, no en los errores del pasado.
[JOHN WHITMORE]

POR LO TANTO, ¿QUÉ HACE con exactitud un entrenador de
liderazgo? Tres cosas. Un entrenador de liderazgo eficiente:

1. Observa
2. Instruye
3. Inspira

Resulta del todo imposible ayudar a alguien a lograr un mejor
desempeño si nunca lo vimos actuar. Sería muy difícil entrenar a
un lanzador de béisbol si nunca lo viéramos lanzar. No sería facti-
ble entrenar a un gimnasta sin verle realizar su rutina.

Lo mismo pasa con el liderazgo. La persona o personas que
invitamos a ser nuestros entrenadores deben estar en posición
de observarnos liderar.

Al principio quizá resulte intimidante la idea de tener a
alguien que evalúe nuestro liderazgo. Sin embargo, piense que
en realidad la gente le observa liderar todo el tiempo. Los líderes
no están encerrados en un armario, sino que actúan en público.
Nuestro liderazgo se muestra sin cesar. Como líderes, estamos
en un escenario delante de todos los que decidieron seguirnos.

Entonces, ¿qué perdemos con plantar a uno o dos entrenadores en medio de la multitud?

Mi primer «observador» fue Nolen Rollins. Al principio no lo sabía, pero Nolen fue uno de los mejores entrenadores de liderazgo que haya tenido jamás. Nolen fue mi supervisor durante mi ejercicio como ministro de estudiantes. Los jefes, en general, no entrenan, sino que recompensan o reprenden. (Es lamentable, pero la mayoría de los padres caen en esa misma rutina). No obstante, Nolen era diferente. Asumió la función de entrenador. Al decir que «asumió» esa función me refiero a que no esperó a que yo se lo pidiera, sino que se lanzó a ello. No se contentó con la simple reprimenda y la recompensa. Se encargó de desarrollarme como líder.

Nolen dedicó tiempo para observarme en todo papel de liderazgo que asumía. Asistía a mis reuniones de líderes y a las del personal de la iglesia, hasta se metía en nuestras actividades para estudiantes y me escuchaba dirigirles la palabra. De vez en cuando me pedía que dirigiera nuestras reuniones generales de personal. Él se sentaba en la parte de atrás y observaba.

Más o menos una vez a la semana, Nolen se dejaba caer por mi oficina, se sentaba y me decía lo que había observado. Era amable, pero directo. No tenía pelos en la lengua. El hecho de que Nolen se pasara tanto tiempo observándome hizo que me resultara fácil escucharlo y aceptar sus comentarios. Sabía que estaba de mi parte. No estaba solo criticando; me estaba entrenando. Me estaba ayudando a llegar más lejos y más rápido.

Además de la observación y la evaluación, necesita instrucción. Los buenos entrenadores de liderazgo son maestros.

Durante varios años me reuní una vez a la semana con un individuo llamado Charlie Renfroe. Charlie es un exitoso hombre de negocios, además de un maravilloso padre y esposo.

Charlie me entrenó en el campo de las relaciones profesionales y personales. Me enseñó cómo cerrar un trato, a enfrentar personas que trabajaban por debajo de sus posibilidades y a recompensar a los que caminaban la milla extra.

Lo peculiar de Charlie fue que me instruyó ante todo mediante historias extraídas de su propia jornada. Yo hacía una pregunta y Charlie me contaba una historia. Después me miraba a los ojos y me decía con exactitud lo que haría si estuviera en mi lugar. Por falta de espacio no puedo contar todas las ricas ideas que obtuve de Charlie durante los martes por la mañana que pasamos juntos, pero sus historias me ayudaron a convertirme en un mejor líder. Incluso ahora cuando podría estar a punto de caer en algún modelo de liderazgo poco saludable, recuerdo alguna de las historias de Charlie y eso me hace mantener el rumbo.

Una mañana le estaba describiendo a Charlie una situación que involucraba a mi supervisor. Resulta que sin darme cuenta había tomado una decisión que contradecía otra que él tomó el día anterior. Me llegó el rumor de que estaba bastante enojado, algo que era de esperar. Como resultado de mi acción parecía que había una división en su departamento. Le mencioné a Charlie que no tenía ningún deseo de ir a la oficina. Y después cometí el error de decir que en verdad pensaba no ir para nada.

De inmediato, Charlie se lanzó a contar una historia sobre una situación en la que se vio involucrado con varios banqueros de Nueva York. Charlie había controlado su empresa más de lo que sería razonable o sabio. Y después, sin razón aparente, los ingresos comenzaron a disminuir. Al poco tiempo estaba en malos términos con el banco. Cuando sucede algo así, lo normal es que los prestamistas comiencen a llamar y es difícil encontrar a los deudores. Charlie usó la táctica contraria: Llamó para acordar una reunión con el banco y se fue en avión a Nueva York para reunirse con ellos.

Así lo relata: «Les dije que contaran conmigo para solucionar esto y que nunca tendrían que ir a buscarme porque los iba a atiborrar de informes sobre el avance. Se sorprendieron al oír eso. Les llamaba todas las semanas para contarles cómo iban las cosas. Desde entonces me han estado buscando para hacer más negocios conmigo».

Después de eso dijo algo que nunca olvidaré: «Hay veces que lo mejor es abrir la jaula y enfrentarte al gorila de doscientos kilos. Él va a acabar persiguiéndote, así que lo mejor es dejarlo salir». Después Charlie se inclinó hacia mí, me miró a los ojos y me dijo: «Cuando llegues a la oficina, te vas directamente al despacho de tu supervisor. Abre la jaula y enfrenta al gorila de doscientos kilos».

Eso fue lo que hice con exactitud. Y desde entonces me he dedicado a abrir jaulas.

> Un buen entrenador de liderazgo hará todo lo que esté a su alcance para ayudarle a cerrar la brecha que hay entre su potencial y su desempeño. Quizá esto implique una sinceridad brutal. ¿Por qué? Porque una verdad dolorosa es el camino más rápido para mejorar nuestro desempeño.

El tercer elemento de un buen entrenador de liderazgo es la inspiración. Un buen entrenador será capaz de inculcarle una imagen mental de lo que podría y debería ser cierto de usted como líder. Le señalará hacia un futuro preferido y le inspirará a hacer todo lo que esté a su alcance para lograrlo.

Un buen entrenador siempre entrena según el potencial del líder, no según su nivel de desempeño presente. Un buen entrenador de liderazgo verá el potencial que hay en usted y le inspirará de acuerdo con él.

En la actualidad, a mí me entrena un pastor jubilado. John es miembro de nuestra iglesia, por lo que tiene la oportunidad de observarme en mi función de comunicador y de lanzador de la visión. Un día me miró desde el otro lado de la mesa donde almorzábamos y me dijo: «Andy, tus finales son flojos».

Ya sabía con exactitud a qué se refería. Llevábamos varios domingos en que nuestros cultos no aterrizaban con suavidad. Habíamos preparado mucho la forma de comenzar los cultos, pero nos faltaba creatividad e ideas para los finales. John tenía toda la razón del mundo.

Sin embargo, no se quedó ahí. Sabía que podía hacerlo mejor, así que pasó varios minutos presentando ideas de lo que se podría y se debería hacer. Me puso varios ejemplos de cultos en los que terminamos con la misma intensidad e intención con que los iniciamos. Me marché de allí con el compromiso y la inspiración de mejorar las cosas.

El lunes siguiente dije en la reunión de preparación del culto: «Nuestros finales están flojos». Todo el mundo estuvo de acuerdo conmigo, así que nos pusimos a trabajar para solucionar el problema. Dos semanas más tarde, al salir de la iglesia, Sandra y yo vimos por casualidad a John en un restaurante. Estaba sentado en una mesa con varias personas más. En medio de las diversas conversaciones de los que estaban sentados allí, John me miró y me hizo un gesto de aprobación con los pulgares hacia arriba, asintiendo con la cabeza, queriéndome decir que lo habíamos logrado.

John me hace sentir que puedo conquistar el mundo. Nunca en mi vida he tenido a alguien que me diga de forma tan coherente y persuasiva lo que podría y debería ser. Siempre que me marcho de esas sesiones de entrenamiento siento más pasión para llegar a mi potencial como líder, padre y esposo. Eso es lo que hacen los buenos entrenadores de liderazgo.

Hablemos ahora de cómo encuentra a un entrenador de liderazgo.

Conseguir un buen entrenador de liderazgo es difícil por dos razones. La primera es que la mayoría de las personas ni siquiera sabe de qué habla usted cuando les pide que sean sus entrenadores de liderazgo. La segunda razón es que los candidatos calificados le dirán que no lo están.

Entonces, lo que tiene que hacer es lo siguiente: No le pida a nadie que le entrene. Eso asusta a la gente. La palabra *entrenador* significa preparación y ejercitación. Es más que probable que los hombres o las mujeres que considera sus entrenadores potenciales no tengan tiempo de preparar nada ni de desarrollar un programa de entrenamiento.

Así que aléjese de ese término y en su lugar pídales que evalúen alguna faceta específica de su liderazgo. A casi toda la gente le gusta evaluar. En términos generales, lo que hace es pedirles su opinión. ¿A quién no le gusta dar su opinión? Si ha elegido con sabiduría, la opinión y las sugerencias de esa persona se volverán muy valiosas.

La cosa más importante en ese momento es ser específico. Por ejemplo, le podría pedir a alguna persona de su equipo de líderes o de la junta directiva que evalúe la forma en que dirige las reuniones. Diga algo como lo siguiente:

«Nosotros dos hemos tenido que pasar por la experiencia de soportar reuniones que no estaban bien preparadas y hemos estado todo el tiempo pensando: "¿Por qué no va al grano?" o «¿Por qué no deja que hable nadie más?". Ambos sabemos que muchas veces los líderes no tienen ni idea de cómo resulta su desempeño en reuniones o en entornos en los que hay que tomar decisiones. Este es un campo en que quiero mejorar de verdad. Me gustaría que nos reuniéramos en alguna ocasión y que me dieras tu opinión sobre lo que hago como moderador de nuestras reuniones. Estoy dispuesto a escuchar todas las sugerencias que quieras hacerme. Si te enteras de dinámicas poco saludables dentro del grupo, también me gustaría que me hicieras sugerencias al respecto».

Con esto no le pide ninguna relación de liderazgo a largo plazo. Solo le pide que le hagan sugerencias. Si su tiempo de evaluación con esta persona resulta beneficioso, además de algo que disfruta, es posible que haya encontrado a un entrenador.

Una vez que invitamos a alguien que asuma la función de evaluarnos, dicha persona se suele sentir con libertad para permanecer en dicha posición hasta que le digamos lo contrario. En otras palabras, si alguien acepta una invitación como la descrita arriba y tiene la impresión de que usted se tomó en serio sus sugerencias, no debería sorprenderle que de esa persona parta la iniciativa para el siguiente encuentro. Cuando esto pasa, ha encontrado a un entrenador. No solo lo observa, sino que lo instruye.

Ahora bien, antes descarte este ejercicio como algo que es solo para los líderes noveles, le aseguro que este tipo de evaluación es apto durante todo nuestro liderazgo. La razón por la que los veteranos no buscan entrenadores de liderazgo no tiene nada que ver con su necesidad real de tener uno, sino con lo que perciben como necesidad.

Recuerde que lo están evaluando siempre. Esta no es más que una forma de descubrir lo que ya todo el mundo piensa (y susurra). La simple experiencia no le hace mejor en nada. En sí misma, la experiencia quizá le lleve a la rutina. La experiencia evaluada es lo que le capacita a mejorar su desempeño.

Lo siguiente es una lista de entornos de liderazgo en los que podría considerar invitar a un entrenador de liderazgo a fin de que observe y evalúe su desempeño:

- reuniones
- presentaciones públicas
- tomas de decisiones
- transmisión de visiones
- escritos
- solución de conflictos
- selección de personal
- planificación de estrategias
- desarrollo del presupuesto

Aprenda todo lo posible de cada persona posible. Aprenda todo lo que sea posible sobre usted mismo de cualquiera que se detenga el tiempo suficiente para observar y evaluar. Busque un entorno en el que no solo le paguen, sino que lo entrenen. *En los primeros años de su carrera lo que aprenda es mucho más importante que lo que gana.* En la mayoría de los casos, lo que aprenda al principio determinará lo que gane más adelante.

Como líder, quizá le hiera lo que no sepa. Lo que no sepa sobre usted mismo tal vez le ponga una tapa a su liderazgo. Usted se debe a sí mismo y a quienes decidieron seguirlo, de modo que abra las puertas a la evaluación. Consiga un entrenador.

Mientras busca a un entrenador, adelántese y conviértase en entrenador de algún líder cerca de usted. Ya lo sé, ya lo sé: Es demasiado joven, no sabría qué decir, nadie le va a tomar en serio; bla, bla, bla.

Olvídese de todo eso. Incluso si tiene que comenzar con su ayudante o hasta con un compañero, puede entrenar. Puede comenzar pasándole cosas necesarias tales como artículos, libros, cintas. Comente en detalles lo que hacen bien. Jáctese de ellos. Hable de su potencial. Y una vez que se gane su confianza, evalúe e informe. Use la frase: «Hay una cosa que aprendí hace mucho...». En otras palabras, póngase en la posición de un compañero de aprendizaje, no de maestro.

No espere hasta considerarse adecuado. Los líderes son aprendices. Por consiguiente, los líderes casi nunca se sienten aptos para enseñar a otros a liderar. Como aprendices, se les recuerda sin cesar todo lo que aún tienen que aprender y dominar.

Entienda bien esto: Como líder, no tiene la responsabilidad de saber todo lo que hay que saber sobre liderazgo. No obstante, sí tiene la responsabilidad de enseñar lo que sabe a los líderes que lo rodean. Y al verter en la copa de ellos lo que Dios y otros vertieron en la suya, llegarán más lejos y más rápido. Serán mejores líderes por haberlo conocido a usted.

Consiga a un entrenador y nunca dejará de mejorar.

Conviértase en entrenador y garantice la mejora de quienes le rodean.

PARA SER UN LÍDER EFICIENTE...

■ Enfréntelo, usted no es tan bueno como podría serlo. ¿Qué va a hacer al respecto? La única forma de llegar más lejos y más rápido es consiguiendo ayuda de fuera. Logra aumentar al máximo su potencial como líder consiguiendo un entrenador... o dos.

■ Busque a alguien que le observe en diferentes entornos. Las sugerencias exteriores son cruciales. Incluso si se viera en un espejo durante veinticuatro horas al día, nunca se vería igual que los demás.

■ Elija a un entrenador que no tenga ni intereses personales ni causa alguna para no ser del todo sincero. No hace falta que sea experto en su campo. Aunque sí tiene que ser capaz de ponerse en el lugar de quienes reciben la influencia del liderazgo suyo.

■ Trate de encontrar a alguien que exprese sus ideas con claridad y precisión. Usted no necesita generalidades evidentes; sino saber con exactitud lo que se debe repetir o borrar en su liderazgo.

■ Conviértase en un entrenador. Como aprendemos a hacer haciendo, aprendemos a aceptar dando.

DESAFÍO PARA LA PRÓXIMA GENERACIÓN

1. Vuelva a mirar la lista de entornos de liderazgo de este capítulo y comience a anotar los nombres de personas en que confiaría para que le observaran y criticaran.

2. ¿Le asusta ser tan vulnerable? Si es así, ¿por qué?

3. ¿Tiene algo que perder al conseguir un entrenador de liderazgo? ¿Tiene algo que ganar?

4. ¿Es propenso a dar un rodeo ante la autoridad que le desagrada?

5. Si no encuentra a nadie que esté más avanzado en el camino del liderazgo para entrenarlo a usted, reúna a un grupo de compañeros y estudien juntos literatura sobre liderazgo.

CARÁCTER

EL CARÁCTER DETERMINA
EL LEGADO DEL LÍDER

Capítulo trece

ALGO QUE NO ES ESENCIAL

Provocamos la caída de líderes jóvenes si los
alentamos a visualizar lo que pueden hacer antes de
considerar la clase de persona que debería ser.

[R. Ruth Barton]

Vamos a comenzar esta sección final con la revisión de
una realidad: El carácter no es esencial para el liderazgo.

Todos hemos oído hablar de líderes que dirigieron grandes
organizaciones y que se ganaron la lealtad de muchos seguidores,
y a pesar de eso carecían de carácter. Mostraron tener valor y
competencia. Ofrecieron direcciones claras. Es posible que hasta
les pidieran consejo a otros. Con todo, no eran personas conocidas por hacer lo que era bueno. No es raro escuchar a líderes con-
sumados atribuirles sus éxitos a las prácticas de su negocio y a una
conducta personal que la mayoría de la gente consideraría repren-
sible. Y, no obstante, son los reyes de la montaña... al menos por
el momento.

Como ya comentamos, puede liderar sin tener carácter. *Aun
así, el carácter es lo que le convierte en un líder digno de seguirse.* La
integridad no hace falta si sus aspiraciones como líder acaban en
persuadir a la gente de que le siga. Aunque si al final del día su
intención es que quienes le sigan también le respeten, no puede fal-
tar la integridad. Sus logros como líder harán su nombre famoso.
Su carácter determinará lo que la gente asocie con su nombre.

Es posible que sus dones y determinación dicten su potencial, pero su carácter es lo que determinará su legado. Tal vez cree un estilo de vida envidiable solo mediante la influencia de sus habilidades de liderazgo. Sin embargo, es incapaz de crear una vida envidiable sin prestarle atención seria a lo que está en su interior.

Los escritores James Kouzes y Barry Posner encuestaron alrededor de mil quinientos directores de todo el país como parte de un estudio patrocinado por la American Management Association [Asociación de Administración Estadounidense]. Hicieron las siguientes preguntas abiertas: «¿Qué valores o rasgos del carácter busca y admira en sus jefes?». En otras palabras, ¿qué hace que valga la pena seguir a un líder?

Se nombraron más de doscientos veinticinco valores y rasgos de carácter. Esos doscientos veinticinco se redujeron a quince categorías. Según esos directores, lo que más querían de sus jefes era integridad. Las categorías que obtuvieron más puntos fueron «integridad», «sinceridad», «ser digno de confianza», «carácter» y «tener convicciones»[26].

En un estudio posterior se ampliaron varias categorías y se añadieron algunas características que no estaban en el estudio anterior. En una serie de dos años de seminarios para ejecutivos realizados en la Universidad de Santa Clara y en varios lugares corporativos, más de dos mil seiscientos directores de alto nivel rellenaron una lista de características de liderazgo superior. La primera característica que buscaban en un líder era la sinceridad. La sinceridad estaba por encima de la «competencia», «inteligencia» y «ser alguien que inspira»[27].

Un estudio realizado en conjunto por Korn/Ferry International y Columbia Graduate School of Business [Escuela de posgrado de negocios] apoya estos resultados. Con encuestas realizadas a más de mil quinientos ejecutivos importantes de veinte países, el estudio buscaba estrategias de crecimiento, campos de experiencia y características personales del director general ideal. La «ética» obtuvo la máxima puntuación entre las características personales que necesita un director general. En resumidas cuentas, querían que sus líderes fueran personas irreprochables[28].

Quienes decidan seguirlo quieren que sea un líder digno de seguirse. No le juzgarán tanto por a dónde los lleve, sino por cómo los lleve. Sus historias siempre incluirán su juicio personal de usted como persona y no solo sus habilidades de liderazgo. La verdad es que quienes decidan seguirlo esperarán más de usted en cuestión de carácter de lo que esperan de sí mismos.

Hace años adopté una definición de carácter que me resulta lo suficiente sencilla como para recordarla, pero lo bastante completa para disfrutarla: *El carácter es la voluntad de hacer lo que se debe incluso cuando sea difícil.*

El carácter tiene que ver con la *voluntad* porque requiere una disposición para tomar decisiones difíciles, decisiones que a veces van en dirección contraria a la emoción, la intuición, la economía, las tendencias actuales, y para algunos, en contra del sentido común. Tener la voluntad de hacer lo que se debe exige que decida qué es lo bueno antes de que surja la lucha por hacer lo bueno. Liderar con carácter requiere de una serie de decisiones previas. Como líder de la próxima generación, debe decidir con anticipación lo que no se puede negociar con relación a lo que es bueno y lo que no.

Cuando hablamos de la voluntad de hacer lo *bueno*, damos por sentado la existencia de una norma del bien y del mal que está fuera de nosotros, un nivel inamovible por el que se nos mide. Los líderes dignos de seguirse reconocen que existe un estándar absoluto de lo que está bien y lo que no, un estándar que existe independientemente de sus emociones, experiencias o deseos. Lideran con la idea de que existe un criterio por el que se juzgan todas las decisiones.

Es cierto que hablar en términos de absolutos no es nada popular, pero como afirmó C.S. Lewis:

> Siempre que encuentre a un hombre que diga que no cree en lo que está bien o mal en términos reales, verá que el mismo hombre regresa a esto poco después. Quizá incumpla una promesa que le hizo, pero si trata de incumplir una que le hizo a él, se quejará, diciendo: «No es justo», antes de que pueda abrir la boca[29].

El carácter tiene que ver con hacer lo bueno porque es lo que hay que hacer, independientemente de lo que cueste. Y estas últimas palabras son las que separarán a las personas de carácter de las que tienen intenciones buenas, pero negociables.

El camino más derecho al lugar en que desea estar no es el más ético. ¿Cómo lo sé si usted y yo no nos conocemos? Yo soy el primero en reconocer que es injusto que juzgue su situación sin saber nada sobre esta. Sin embargo, tengo la corazonada de que si usted tuviera que trazar una línea recta desde donde está ahora hasta donde quiere estar, y la siguiera después, se vería forzado a comprometer su moral o su ética. En algún lugar entre usted y su objetivo de ser un líder para la próxima generación existe un campo de minas.

Los líderes comprometidos a mantener su carácter, con frecuencia le dicen no a lo que muchos dirían que es la oportunidad de su vida. Estar dispuesto a decir no es lo que aparta del montón a un líder de carácter.

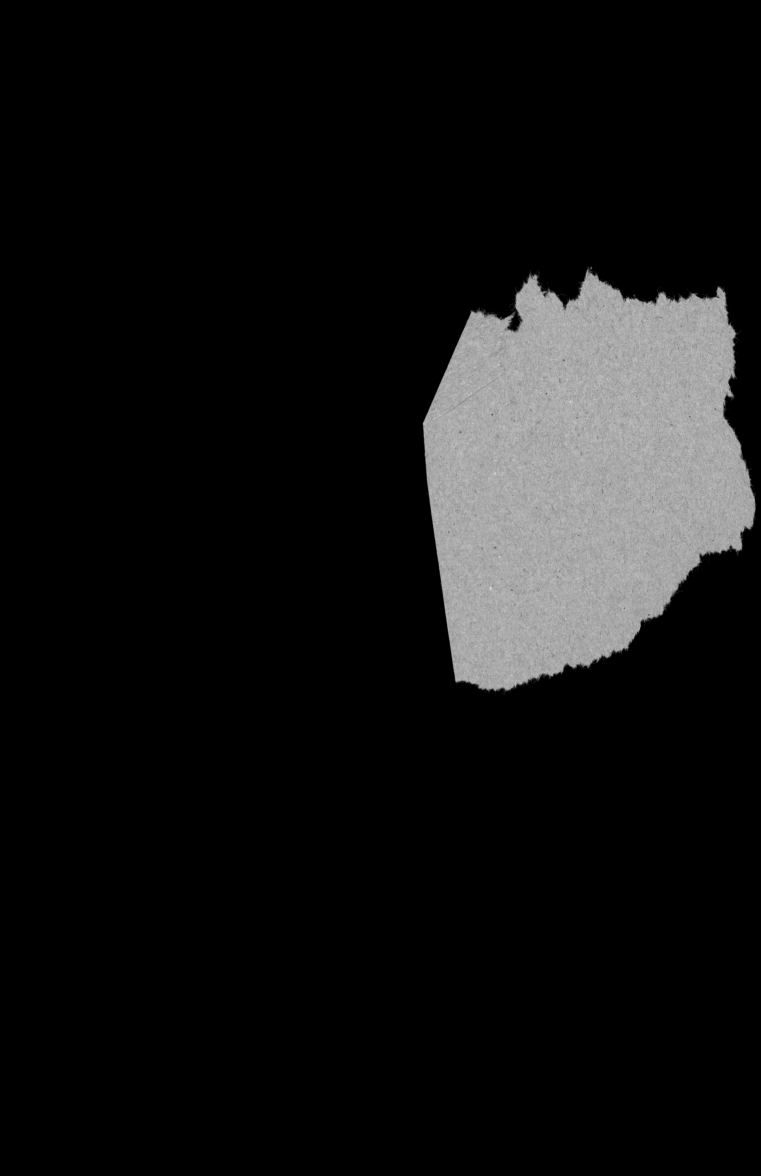

Llegará el día en que parecerá que el progreso exige un compromiso de convicción. El líder que hay en usted querrá avanzar. Después de todo, ha llegado muy lejos. El fin sin duda justifica los medios. En ese momento la importancia del objetivo será de mucho más peso que la importancia del compromiso. Aun así, también se oirá otra voz. El mensaje será sencillo, corto y sin explicaciones: «Eso está mal». Una vez más esa voz pequeña y tranquila que hay dentro de usted lanzará mil razones, explicaciones, racionalizaciones y ejemplos. Entonces, cuando termine, la voz impertérrita que hay en su interior seguirá susurrando: «Eso no está bien».

Descubrirá, si es que no lo ha hecho ya, que la distancia más corta entre donde está y donde quiere estar no es la más honorable.

La gran noticia es que en la mayoría de los casos existen otros caminos que puede tomar. Con todo, suelen ser más largos, más empinados y más caros. A nadie le gustan los desvíos. Y menos a los líderes. A pesar de eso, lo que pende en el equilibrio de esos dilemas inevitable es digno del retraso.

Lo irónico de ser un líder de carácter es que su voluntad de hacer lo bueno quizá ponga en riesgo su avance. Liderar y ser la persona que desea ser no siempre están en consonancia. Pero en esos momentos es cuando descubre muchísimo sobre sí mismo. Descubre qué valora más.

Decidir con antelación hacer lo bueno le será costoso. Le costará tiempo, dinero y oportunidades. Es posible que impacte de forma negativa su reputación... al menos durante algún tiempo. Quizá hasta llegue a ser un obstáculo en su carrera. Como líder de la próxima generación tal vez se sienta tentado a creer que una vez que se llegue a cierto nivel de éxitos se disiparán esta clase de dilemas. Si piensa eso, está equivocado. El éxito no hace más fácil nada que tenga consecuencias. Lo único que hace es elevar los premios. El éxito trae consigo la presión no anticipada de mantener el éxito. Mientras más éxito tenga como líder, más difícil resultará esto. En las altas esferas de una organización hay mucha más presión de la que se imagina.

Si es tan afortunado de tener éxito a los ojos del público o dentro de su organización, algún día se dará cuenta de que lo que en un momento se aplaudió por ser algo excepcional es lo que se espera ahora. Es más emocionante ganar el campeonato del mundo de los pesos pesados que defender el título. Es más estimulante romper un récord permanente de ventas que mantenerlo año tras año.

Es en la cima de la montaña que los líderes a menudo abandonan las convicciones y la humildad que los llevaron allí. Una vez que «llegan» sienten la tentación de optar por una estrategia de mantenimiento que exige un juego de herramientas distinto por completo. Ya sea en los negocios, la política o la religión, la presión al compromiso a fin de mantener el éxito personal es una constante.

Tengo un buen amigo que hace varios años hizo pública su empresa, poniéndola en el mercado de valores. Hasta aquel momento se había comprometido a que lo conocieran en su industria como un hombre de impecable integridad. Su carismática personalidad y carácter firme eran contagiosos. En un período de tiempo bastante corto fue capaz de juntar el capital empresarial necesario para lanzar lo que de la noche a la mañana se convertiría en un éxito en la industria de la imprenta. A lo largo de todo ese proceso tuvo mucho cuidado de no tomar atajos morales ni éticos.

Entonces algo cambió cuando estaba ya casi arriba, con la cima de la montaña a la vista. La afluencia de dinero proporcionado por el capital público inicial, junto con la presión de accionistas avariciosos, comenzó a hacer mella en él. El miedo comenzó a asfixiar su visión. Al parecer, su búsqueda del progreso la sustituyó un temor irracional a perder lo adquirido. Se puso a la defensiva. Llegó hasta el punto de tomar tranquilizantes. Durante todo ese calvario siempre le dio a Dios el crédito de sus éxitos pasados, pero comenzó a resultarle difícil confiar en que Dios le ayudaría a mantener el éxito que le había dado.

Creo que este hombre ha comprometido su carácter en más de una ocasión en pro de mantener el éxito de sus negocios. Cuando le cuestiono sobre eso, lo único que hace es sacudir la cabeza y decir: «Andy, tú no lo entiendes». Y su tono condescendiente le delata. El confuso es él, no yo. Cuando intento que me diga más, sus retorcidas explicaciones confirman mi sospecha: Pienso que sabe que está equivocado. No obstante, este es el camino que eligió de momento, un camino que seguirá separándolo de las cosas que más valoraba.

No solo es el miedo a perder su lugar en la cima de la montaña lo que provoca que un líder comprometa sus valores. Con el éxito viene la tendencia a verse uno mismo como la autoridad final con relación al bien y al mal. No es raro ver a líderes de éxito jugando con otras reglas. La verdad es que todo se ve diferente cuando uno está en la cima.

El poder, el dinero, el éxito, la fama... embriagan. Y las personas embriagadas ven el mundo de otra forma. Para el líder ebrio, las reglas son para el hombre común, no para él. Lo que una vez fue inconcebible se convierte necesario a la luz de lo que está en juego. Lo que una vez se consideró deshonesto se considera prudente a la luz de la realidad presente. Si se le pregunta, su respuesta será del tipo: «Algún día lo entenderás».

Quizá lea un párrafo así y piense: *Yo no. Yo seré diferente.* Quizá sea uno de los pocos que son capaces de llevar el peso del éxito sin doblarse ante la presión que viene con él. O tal vez cuando llegue ese día, considerará su actual perspectiva de la vida muy ingenua y se verá teniendo en cuenta opciones que siempre descartó. El tiempo lo dirá.

Sea como sea, la tentación estará allá para rescribir las reglas.

¿Qué pasaría si supiera que podría romper las reglas, cambiarlas o hasta pasarlas por alto y salir bien librado? ¿Qué pasaría si supiera que no habría consecuencias económicas ni físicas? ¿Qué haría entonces?

Liderar con carácter no consiste en hacer lo bueno a fin de evitar las consecuencias. Los líderes a quienes vale la pena seguir hacen lo bueno porque es lo bueno. La virtud no es un medio para un fin. Es un fin en sí misma.

Los líderes dignos de seguirse no ponen reglas. Lideran con las directrices que se establecieron cuando ni siquiera habían entrado en escena.

Reconocen y se someten a lo que está bien, tal y como el bien lo definió Dios en los corazones de los hombres. Los líderes dignos de seguirse reconocen que su éxito y sus habilidades de liderazgo nunca les dan derecho a cambiar lo que estableció Dios.

El bien y el mal no están determinados por el progreso económico y organizativo. Se mantienen aparte. A veces están en el camino de ambos. Uno no descubre si es o no un líder digno de seguirse hasta que el mal y el bien dificulten el avance.

Entonces, ¿por qué aferrarse con tenacidad a algo que tiene el potencial de frenarnos? Si lo único que persigue es el liderazgo por el bien del avance personal, no hay ninguna razón convincente. No obstante, si desea ser un líder digno de seguirse, la verdad es que no tiene opción.

He aquí el porqué: Lo que pende en la balanza de su decisión de elegir el camino del carácter frente a la conveniencia es algo mucho más valioso para usted como líder que el progreso. Lo que pende en la balanza es su *autoridad moral.*

Todo líder lleva dos insignias distintivas: una visible y otra invisible. La visible es su posición y su título. La invisible es su autoridad moral.

Su posición le otorga autoridad dentro de cierto contexto, por ejemplo, la oficina. En cambio, su autoridad moral le brinda influencia en una gran variedad de contextos. Su posición motivará al personal de su organización a prestarle sus manos de forma temporal. Aun así, su autoridad moral les inspirará a prestarle su corazón.

La autoridad moral se establece cuando los que observan ven con claridad que el progreso, las recompensas económicas y el reconocimiento no son los dioses de un líder. Cuando esas personas ven que por mucho que valore esas cosas existe algo que valora más, algo que se niega a sacrificar en el altar del «éxito», tendrá autoridad moral ante ellos.

La autoridad moral es la credibilidad que obtiene al vivir lo que dice. Es la relación que el resto de la gente ve entre lo que afirma ser y lo que es de verdad. Se logra cuando se observa que la convicción, la acción, la creencia y el comportamiento están en consonancia. La armonía entre la creencia y el comportamiento hace que un líder logre persuadir.

La insignia invisible de la autoridad moral le confiere al líder algo que el dinero *puede* comprar, pero solo de forma temporal. La autoridad moral viene acompañada de influencia. Y es mucho más fácil liderar desde la posición ventajosa que ofrece la influencia que solo desde la posición personal propia. Es posible que logre dirigir a la gente sin tener autoridad moral, pero no es capaz de influir en ellos.

No vamos a permitir que influyan en nosotros hombres y mujeres que carecen de autoridad moral. La falta de coherencia entre lo que se dice y lo que se hace le inflinge una herida mortal a la influencia de un líder. Por consiguiente, esa misma falta de coherencia obstaculiza la habilidad de liderar de un líder.

John Maxwell tenía razón al afirmar que la gente tiene que aceptar al líder antes de aceptar su visión. Su autoridad moral es lo que le abre la puerta para que la gente que le rodea haga suya su visión. Basándose solo en su posición, puede pagarle a la gente para que trabaje para usted, pero no puede involucrarla en un movimiento sin tener autoridad moral.

Por lo tanto, toda decisión que tome le añadirá o le quitará a la influencia que ejerza sobre los que decidieron seguirlo, incluso las decisiones que no se relacionen de manera directa con su profesión.

Los líderes dignos de seguirse no simulan vivir en dos mundos. No existe una discrepancia entre su vida profesional y privada. Saben lo inútil que es dividirla.

Usted se puede pasar el día diciéndose que lo que haga fuera de la oficina no es asunto de nadie. Quizá tenga razón, pero no se engañe: Si se llega a percibir una diferencia entre lo que espera de otros y lo que espera de sí mismo, eso llegará a mermar su influencia.

Como pastor que creció en el hogar de un pastor conozco demasiado bien esta verdad. Cada vez que llevo a mi familia a un restaurante la gente tiene oportunidad de ver si de verdad vivo lo que predico. ¿Sería realista pensar que la gente me ve actuar de una forma en público y proclamar algo diferente por completo los domingos por la mañana y conservar su respeto como líder? Quizá consiga dividir mi vida con éxito, pero ellos no lo harán.

Usted está en la misma situación. Para ser un líder digno de seguirse tiene que existir una consonancia entre los valores que predica en su organización y los que vive en cada faceta de su vida. Si les exige honestidad a los que trabajan a su lado, la honestidad debe ser un rasgo característico suyo en todo lo que haga.

Quizá su posición en su empresa esté asegurada, pero su influencia y su autoridad moral serán frágiles. Siempre estamos a distancia de una decisión, una palabra, una reacción de dañar lo que se ha tardado años en levantar.

Capítulo catorce

EL REY QUE SIGUIÓ

El carácter no se forja en las crisis;
solo se muestra.

A todo el mundo le encanta una historia acerca de un héroe o una heroína que deciden alzarse solos en contra de la injusticia. Es un tema que impregna nuestra literatura. Ese es el porqué he visto *El patriota* por lo menos dos docenas de veces. También por eso mis hijos me han «gastado» los vídeos de *La guerra de las galaxias*. Y ese tema tan contundente es lo que forzó a Sandra a admitir que *El gladiador* es a fin de cuentas una buena película.

Algo sucede en nuestro corazón cuando oímos hablar de hombres y mujeres que hacen lo bueno aun a riesgo de perder lo más preciso para ellos. No solo es que queramos que ganen al final; queremos saber que nosotros seguiríamos su ejemplo si nos enfrentáramos al mismo dilema.

La esencia del verdadero heroísmo consiste en hacer lo bueno cuando cuesta algo. También es el signo de un gran líder. Si encuentra a un hombre o una mujer que hace lo bueno a pesar de lo que le cuesta personalmente, habrá descubierto a un líder digno de seguirse. Si decide tomar la posición adecuada, corriendo el riesgo de perder lo que es precioso para usted, también se ha convertido en un líder digno de seguirse.

Mi ejemplo preferido del Antiguo Testamento de este principio es la historia de Sadrac, Mesac y Abednego. Me encanta esa historia porque estos tres muchachos judíos tenían todas las razones del mundo para comprometer sus convicciones ante lo que no estaba bien.

En el año 605 a. C. los ejércitos del Imperio Babilónico sitiaron la ciudad de Jerusalén. Cuando cayó la ciudad, los babilonios, siguiendo lo que tenían por costumbre, reunieron a lo mejor y más brillante de los ciudadanos y la realeza de Jerusalén y se los llevaron a su capital.

Cuatro de esos cautivos eran Daniel, Sadrac, Mesac y Abednego. Entraron en Babilonia como esclavos. Pero con el tiempo, por la providencia de Dios, los babilonios llegaron a darse cuenta de que esos cuatro muchachos eran líderes y administradores de extraordinario talento. Como consecuencia de eso se les ofrecieron puestos prominentes en el imperio. A Sadrac, Mesac y Abednego los ascendieron hasta llegar a ser algo así como presidentes municipales. Tenían acceso al rey. Todas sus necesidades eran atendidas. Estaban establecidos para el resto de su vida. No tendrían nada en absoluto que ganar si desafiaban a su nuevo rey.

Además de los babilonios nativos, en la ciudad de Babilonia vivían montones de personas de las regiones circundantes. El rey Nabucodonosor tenía la intención de alejar a esos extranjeros de su lengua y cultura originales y adoctrinarlos en las costumbres de los babilonios.

En el libro de Daniel descubrimos que como parte de su gran estrategia, el rey Nabucodonosor erigió una estatua de oro en las afueras de la ciudad y después dio la orden de que todo el mundo, independientemente de su afiliación religiosa previa, se inclinara y adorara la imagen cada vez que se tocara cierta música en el reino[30]. Se trataba de un intento de consolidar su poder y de asegurarse de que sus «huéspedes» extranjeros lo vieran a él y a sus dioses como la máxima autoridad. Al inclinarse ante la imagen, un individuo reconocía que Nabucodonosor era la suprema autoridad y tenía control sobre sus vidas.

Cuando Sadrac, Mesac y Abednego oyeron el edicto del rey, decidieron no seguirle el juego. Su fidelidad máxima era para su Rey invisible, no para el rey Nabucodonosor.

Cuando el rey se enteró de su impertinencia los llamó ante él. Este es un detalle significativo en nuestra historia. El hecho de querer verlos cara a cara en vez de librarse de ellos enseguida es una evidencia de la relación tan especial que tenía con esos jóvenes, además de lo importantes que resultaban para su administración. No eran tres esclavos más de los cuales deshacerse. Perderlos sería una pérdida con la que Nabucodonosor no quería tratar innecesariamente. Así que les dio una segunda oportunidad de obedecer.

Durante su intercambio, el rey Nabucodonosor repitió su edicto y el castigo que sufrirían quienes desobedecieran. Sus palabras son un eco de las demandas y amenazas a las que se enfrenta todo líder cuando su carácter está en juego: «Más les vale que se inclinen ante la estatua que he mandado hacer, y que la adoren. De lo contrario, serán lanzados de inmediato a un horno en llamas, ¡y no habrá dios capaz de librarlos de mis manos!» (Daniel 3:15).

Nabucodonosor afirmaba controlar el futuro de los acontecimientos. «Serán lanzados de inmediato a un horno en llamas», declaró. Traducido: «Yo controlo sus destinos. No tiene sentido que sigan con la misma posición actual. No sirve de nada. La única opción que tienen es inclinarse».

Eso pasa con cada uno de nosotros en algún punto del viaje del liderazgo. Habrá alguna persona o circunstancia que se interpondrán entre nosotros y nuestro destino final. A no ser que abandonemos por un tiempo nuestra integridad, todo el avance se detendrá con un chirrido. Y al contemplar nuestro futuro y las opciones que tenemos ante nosotros, el rey visible nos susurra al oído: «¡Y no habrá dios capaz de librarlos de mis manos!».

- Entonces, ¿quién lo va a contratar?
- Entonces, ¿quién va a comprar sus productos?
- Entonces, ¿quién va a confiar en usted?
- Entonces, ¿quién lo va a seguir?
- Entonces, ¿quién va a invertir en su idea?
- Entonces, ¿cómo se va a sostener económicamente?
- Entonces, ¿cómo va a pagar las facturas?

En esos momentos resulta muy tentador creer que superaron al Rey invisible. Lo vencieron. Parece que la única opción que tenemos es comprometer nuestra fe a fin de mantener el sueño vivo, la empresa en saldo positivo y el efectivo fluyendo.

De repente nuestra simplista fe de escuela dominical no solo es poco práctica, sino impracticable. La única opción viable parece ser comprometernos, abandonar nuestra autoridad moral.

Así que Sadrac, Mesac y Abednego se pararon con respeto ante el rey visible, mientras este les recordaba que él y solo él controlaba el futuro. ¿Qué dios tenía poder de librarlos de alguien tan grande como él? Y después, en un arranque de compasión nada habitual, el rey Nabucodonosor les ofreció una segunda oportunidad: «¿Están ustedes dispuestos, tan pronto como oigan la música, a inclinarse ante la estatua que yo he mandado hacer, y adorarla?» (Daniel 3:15, DHH).

Sin embargo, a ellos no les hacía falta una segunda oportunidad porque no iban a caer víctimas de las exigencias del rey visible, sinceras pero con falsa información:

> *Sadrac, Mesac y Abednego le respondieron a Nabucodo-*
> *nosor:*
> *—¡No hace falta que nos defendamos ante Su Majestad! Si se*
> *nos arroja al horno en llamas, el Dios al que servimos puede*
> *librarnos del horno y de las manos de Su Majestad. Pero aun*
> *si nuestro Dios no lo hace así, sepa usted que no honraremos*
> *a sus dioses ni adoraremos a su estatua.* (Daniel 3:16-18)

Traducido: «Ah, Nabucodonosor, hemos puesto nuestro destino en manos del Rey invisible, que es el que en verdad controla el resultado de las cosas».

Su respuesta puso furioso al rey. Las Escrituras nos dicen que su actitud hacia los tres muchachos cambió[31]. Al parecer, el rey no estaba acostumbrado a que le dijeran que no. Estaba acostumbrado a controlar las cosas. Lo que se escondía en primer lugar detrás de la idea de levantar la estatua era reforzar su control sobre quienes vivían en su reino. ¿Cómo se atrevían esos tres muchachos hebreos a desafiar sus órdenes?

¿Cómo es que esos tres adolescentes, lejos de su tierra y de su familia, tuvieron el valor de enfrentarse a quien en ese momento era el hombre más poderoso del mundo? ¿De dónde sacaron valor para hacer lo bueno aun al precio de sus vidas?

Sadrac, Mesac y Abednego conservaban una perspectiva que muchos líderes pierden cuando empiezan a disfrutar la recompensa de sus éxitos. Los tres muchachos hebreos nunca perdieron de vista la fuente de sus bendiciones.

A Nabucodonosor no le debían el prestigio obtenido en la ciudad de Babilonia. A él no le debían que fueran hombres influyentes. Esos eran dones y bendiciones de *Dios*. Entonces, ¿por qué iban a abandonar los principios de Dios para conservar las bendiciones de Dios? No tiene sentido. ¿Para qué abandonar al

Rey invisible que *controla* los resultados de las cosas para servir al rey visible que solo *afirma controlar* lo mismo?

En el liderazgo siempre habrá reyes visibles que digan tener control sobre el resultado de sus decisiones. Dentro del contexto del mundo de lo visible, sus reivindicaciones tendrán mérito. La tentación de ceder será real. Las al parecer inevitables consecuencias de pasar por alto esas afirmaciones harán aun más tentador el comprometer nuestra fe. Será algo «prudente» y «responsable».

Estas situaciones le ofrecen al líder de la próxima generación lo que puede convertirse en su mejor momento, o quizá en su último momento. Eso dependerá de lo que considere que es la fuente de su éxito. En el momento de la decisión podemos recordar que nuestro talento, nuestras oportunidades y nuestra pasión por el liderazgo nos las otorgó Dios; si recordamos que nuestro éxito son las bendiciones de Dios, quizá recordemos lo mismo que Sadrac, Mesac y Abednego: *Uno no tiene que violar los principios de Dios para conservar la bendición de Dios. El Rey invisible es competente.*

Como ya afirmamos, en medio del éxito es donde los líderes suelen abandonar las convicciones y normas a los que se adhirieron durante el viaje desde el anonimato. Cuando los líderes comienzan a disfrutar las recompensas del éxito, muchas veces olvidan la fuente de su éxito. Nunca desaparecerá la presión a comprometerse para mantener nuestro éxito.

Es mucho más fácil «arriesgarlo todo» cuando hay poco que arriesgar. Sin embargo, el éxito hace aumentar los intereses. Ahora hay algo que perder. Y los reyes visibles de este mundo afirmarán tener control sobre lo que perdemos y lo que conservamos. Sus amenazas son reales y parece que las consecuencias de obviarlas son inevitables.

El éxito aumenta los riesgos. Por consiguiente, en el primer momento crítico muchos líderes abandonarán su compromiso con el carácter. Justo cuando tienen la oportunidad de liderar bien en verdad, de sobresalir delante del montón, deciden en su lugar seguir a las masas, a los hombres y a las mujeres que confunden las recompensas del éxito con el verdadero asunto.

Aun así, permanece esta verdad: Nunca existe una razón que justifique violar los principios de Dios a fin de mantener la bendición de Dios. Nunca existe una razón que justifique comprometer las normas de Dios con el propósito de mantener la bendición de Dios. El Dios invisible es capaz de librarnos de la coerción y las amenazas de los reyes visibles. Nuestro Rey invisible controla el resultado de las cosas. Controla las acciones de quienes afirman tener el control. Y cuando los que tenemos el llamado a liderar ponemos nuestra confianza en el hecho de que Él nos librará, nos establecemos en la mente y el corazón de los que nos observan como líderes dignos de seguirse.

Tal y como predijeron Sadrac, Mesac y Abednego, Dios los libró de la mano de Nabucodonosor. Salieron ilesos del horno ardiente. Y como resultado, Nabucodonosor llegó a la sorprendente conclusión de que al fin y al cabo él no podía controlar las cosas:

Entonces exclamó Nabucodonosor: «¡Alabado sea el Dios de estos jóvenes, que envió a su ángel y los salvó! Ellos confiaron en él y, desafiando la orden real, optaron por la muerte antes que honrar o adorar a otro dios que no fuera el suyo [...] Después de eso el rey promovió a Sadrac, Mesac y Abednego a un alto puesto en la provincia de Babilonia. (Daniel 3:28-30)

Al negarse a comprometer su carácter, ganaron autoridad moral e influencia con el rey. La coherencia entre creencia y acción, convicción y comportamiento, fue abrumadora incluso para un hombre como Nabucodonosor. Él nunca había sido testigo de un compromiso tal con un ideal. Muy poca gente lo ha sido. Piénselo: Tres muchachos esclavos, de una nación conquistada, influyeron de manera radical en el rey. ¿Cómo? Negándose a inclinarse cuando esto parecía ser la única opción.

Llegará un momento en su liderazgo cuando se probará su carácter. Tendrá oportunidad de ser el héroe. La oportunidad le tomará por sorpresa. Con la tensión del momento, no se percatará de todo lo que está en juego. Aunque si hace lo bueno, volverá la vista atrás y verá que fue un momento que lo definió como líder e individuo.

En ese momento aprenderá algo sobre usted mismo. Aprenderá algo sobre su Padre celestial. Y tendrá una historia para contársela a sus hijos.

Para que sea una auténtica prueba de carácter será una situación en que el resultado estará del todo fuera de su control. Solo tomará su decisión y se enfrentará a las consecuencias. Será una prueba mediante el fuego. Aun así, será un fuego para refinar. Y por otra parte, será una mejor persona.

Muchas veces he visto en acción este principio en las vidas de amigos y conocidos. El miedo a lo desconocido al final lo sustituye un sello de libertad reservado solo para quienes están dispuestos a vivir con las consecuencias de no comprometer la virtud.

Si toma la decisión acertada y opta por aceptar las consecuencias, encontrará un nivel de libertad que ni si quiera sabía que existía. Se liberaría de las amenazas de quienes afirman tener el poder de controlar el resultado de las cosas en su vida. Se liberaría para decirle no a los reyes que abusarían de su autoridad tratando de manipularlo. Se liberaría para servir al Rey invisible y decirle no a todos los reyes que afirman tener autoridad sobre usted.

Ese suceso único lo convertirá en mejor líder. En el momento de la decisión, entenderá mejor quién es y, lo qué es más importante, a quién pertenece.

Capítulo quince

EL LÍDER DIGNO DE SEGUIRSE

A los justos los guía su integridad;
a los falsos los destruye su hipocresía.
[Proverbios 11:3]

Sus talentos y dones como líder tienen el potencial de llevarle más lejos de lo que es capaz de soportar su carácter. Eso debería asustarlo.

El hecho de que la gente decida seguirlo no necesariamente es un indicativo de que merezca que lo sigan. Existe una diferencia significativa entre tener seguidores y ser digno de seguirse. La verdad es que las personas con talento, carisma y visión casi siempre tienen seguidores. Si son o no dignos de seguirlos ya es otra cuestión, basada en un grupo diferente de valores.

Siempre existe la tentación de mirar a alguien y calcular la cantidad de bendición de Dios sobre su vida, basándose en el número de personas que han decidido seguirlo. Entonces, si los números cuentan toda la historia, ¡tendríamos que dar por hecho que Dios le quitó su bendición a Jesús al final de su ministerio! Durante las semanas previas a su crucifixión comenzaron a desvanecerse las multitudes. Al final solo quedaba un puñado de hombres y mujeres fieles que se atrevieron a asociarse con Él. Los seguidores no son un indicador exacto de si uno merece que lo sigan o no.

Para convertirse en un líder digno de seguirse tiene que prestarle tiempo y atención a su ser interior. Para dejar un legado que vaya más allá de los simples logros, un líder debe dedicarse a los asuntos del corazón.

No existe necesariamente una correlación entre el talento y la madurez. Hollywood nos lo ha enseñado. Es por eso que tampoco existe una correlación entre el talento y el sentido común. Todos hemos visto a padres hacerles a sus hijos regalos que no sabían manejar. Los coches, navajas y teléfonos celulares, todos vienen con un manual de instrucciones, pero no con un manual de madurez. No existe una correspondencia entre lo que podemos poseer y lo que podemos hacer funcionar con responsabilidad.

Si lo han bendecido con el don del liderazgo, recuerde que es solo eso: un don. Sin embargo, poseer el don y poner en función el don son dos cosas diferentes. Una de ellas no requiere nada de su parte. La otra requiere un aprendizaje que dura toda la vida. Reconocer sus dones es algo inevitable, pero tomarse tiempo para desarrollar la madurez de dirigirlos con responsabilidad requiere de iniciativa y disciplina.

Los mismos líderes se meten ellos mismos en problemas cuando el ímpetu de sus dones los impulsa más allá de su habilidad para mantener el paso y enfrentar las presiones de los logros. Su posible éxito le introducirá en nuevas tentaciones, nuevas opciones y nuevas oportunidades. La forma en que responda a estas depende por completo de la condición de su corazón.

Como líder de la próxima generación le incumbe hacer *ahora* todo lo que está a su alcance a fin de prepararse para un posible éxito futuro. Sus dones le abrirán puertas. Su carácter decidirá lo que haga una vez que se abran esas puertas.

Existe la probabilidad de que le esté prestando la atención apropiada a las tareas que tiene a mano. Está contando lo que hay que contar y organizando las cosas que hay que organizar. No hay duda de que tiene una declaración de su misión y un conjunto de valores que la apoyan. Con el tiempo, esos elementos combinados con las habilidades que le ha otorgado Dios, le llevarán lejos. Y la gente le seguirá.

Aun así, su talento natural quizá llegue a dejar atrás su carácter si no desarrolla un sendero paralelo por el cual correr. Para convertirse en un líder digno de seguirse, tiene que estar dispuesto a desarrollar el hombre interior. Debe invertir en la salud de su alma. Nadie planea fallar, sobre todo los líderes. No obstante, pasar por alto el estado de su alma equivale a planear fallar.

Llegará el día en que los que quieren convertirse en reyes de su mundo le susurrarán al oído, y usted se verá tentado a abandonar lo bueno en pro del progreso, del beneficio o de la conveniencia. Si ha descuidado el carácter, irá a sacar algo del pozo de sus convicciones, pero encontrará poco que lo sustente. Es posible que retenga su posición como líder, pero habrá abandonado su oportunidad de terminar como un líder digno de seguirse.

Ahora es el momento de empezar a prepararse para esa eventualidad. Quizá pueda esperar hasta la noche antes para sentarse y preparar un examen final, pero no se puede atiborrar para un examen de carácter. Siempre aparece como una prueba repentina e inesperada. O bien está preparado o no lo está. Es la ley de la cosecha en acción. En el momento del examen cosechará lo que haya sembrado.

Hay ciertas cosas que puede hacer ahora a fin de prepararse para ese día inevitable del examen. La primera es comenzar por el final. La segunda es hacer públicas sus convicciones.

COMIENCE POR EL FINAL

El mejor lugar para comenzar a prepararse es el final. El desarrollo del carácter siempre comienza con un final en la mente. ¿Cómo desea que lo recuerden?

¿Qué quiere que digan en su funeral sus mejores amigos? ¿Y sus hijos? ¿Y su cónyuge? ¿Qué quiere que sus hijos les cuenten a sus nietos sobre usted? ¿Cómo le gustaría que describiera su vida la gente que mejor lo conoce? En otras palabras, ¿qué quiere ser usted?

Espero que como futuro líder de la próxima generación, vaya teniendo cada vez más claro lo que le gustaría lograr, lo que quiere *hacer*. La pregunta es la siguiente: ¿Ya decidió lo que quiere *llegar a ser*? Lo que haga fluirá de lo que es. El hombre exterior reflejará el hombre interior. El hombre interior determina el legado del hombre exterior.

Seis meses después de casarme con Sandra, invertí medio día en completar esas preguntas. En esa época no estaba liderando ninguna organización que fuera importante. Era una época en que las noticias estaban llenas de historias de famosos líderes espirituales que se desplomaban en lo moral y lo ético. Lo que los había dejado al margen no fueron sus malas decisiones en el liderazgo, sino sus malas decisiones personales. El hombre interior no mantuvo el paso del hombre exterior.

Este ejercicio me llevó a mi definición personal de éxito. La reduje a nueve palabras: disponible, responsable, confiable, generoso, honesto, leal, puro, sensible y transparente. Esos nueve términos forman un perímetro en torno a mi comportamiento. Para mí, la deshonestidad no es un simple pecado. Representa un fracaso. Aceptar compromisos para dar charlas a expensas de no estar disponible para mis hijos no es un simple error de mis prioridades. Es un fracaso.

Como líder de la próxima generación, usted también tiene que levantar un perímetro moral en torno a su comportamiento. Debe aferrarse al hecho de que, al fin y al cabo, el éxito se define en términos de quién es usted y cómo trata a los que le rodean. Lanzarse a la carga en dirección de la tarea sin decidir antes quién quiere ser y cómo quiere tratar a sus seguidores equivale a correr desde el cajón de bateo hasta la tercera base. Y como bien dice mi amigo Kevin Myres, eso solo es divertido en las Ligas Menores. En el liderazgo es un atajo que anula el legado.

HÁGALO PÚBLICO

Una vez que decide lo que quiere ser, dígaselo a alguien. Haga públicas sus intenciones. ¿Acaso eso le incumbe a alguien más? Ya verá que sí. El carácter es algo personal, pero no privado. Todos los que le conocen tienen alguna opinión sobre la clase de persona que es usted. De igual forma usted les puede decir la clase de persona en la que aspira a convertirse.

> Los líderes dignos de seguirse deciden con antelación su respuesta a invitaciones y oportunidades que tienen el potencial de hundirlos en lo moral y lo ético. Aunque la incertidumbre es inevitable en el mundo externo del liderazgo, los líderes de la próxima generación no tienen incertidumbre cuando se trata de guardar su carácter.

Decirles a otros lo que quiere ser refuerza el perímetro que está levantando alrededor de su comportamiento. Cuando sabe que otros conocen el valor que le da a algo, resulta un incentivo muy poderoso examinar todo comportamiento que le pudiera apartar de su rumbo. Y en esas inevitables ocasiones en que traspasa la línea, el hecho de que haya otros que sepan es un incentivo para asumir la responsabilidad de sus acciones.

Hace varios años les dije a nuestro equipo de liderazgo y a nuestros ancianos que para mí era prioritario marcharme de la oficina a las cuatro y cuarto todos los días. Como hice público mi horario, la gente me pregunta sin cesar si estoy cumpliendo mi compromiso. Si me tengo que quedar más tarde para alguna reunión, el personal de la oficina me mira de forma divertida y dice cosas como estas: «¿Qué haces todavía aquí?».

Nunca olvidaré la ocasión en que escuché a un buen amigo mío decir su definición de éxito ante un gran número de personas. Al hacerla pública, asumía la responsabilidad ante quienes estaban lo bastante cerca como para observarlo. Era una invitación a evaluarlo. Esto es lo que dijo que era su definición de éxito: «Los que me conocen mejor me aman y respetan más».

Es difícil rebatir eso. Cada vez que estoy con él pienso en esa afirmación. Y la verdad es que mientras más lo conozco, más lo amo y respeto *en realidad*. Por encima y más allá de su éxito profesional hay una persona que tiene éxito en lo más importante. Y él mismo se ha puesto a la luz pública.

Su carácter siempre sale a relucir. Entonces, ¿por qué no hablar de él? ¿Por qué no revelarles a unos cuantos amigos los deseos de su corazón? Al hacerlo, reforzará la fortaleza de su perímetro. Si va a la deriva, ya habrá alguien que le llame la atención.

Esto fue evidente para mí de una forma personal durante mi primer empleo después de terminar la escuela de posgrado. Había salido a la luz un problema moral de un líder religioso importante que, más tarde me enteré, comenzó en el instituto. La gente se quedó sorprendida e indignada. Se desmoronaba un imperio levantado sobre la confianza, y la comunidad cristiana recibió otro bofetón.

Me acuerdo dónde estaba cuando escuché en la radio su disculpa pública. Esa misma noche me asaltó un pensamiento: *¿Qué pequeña cosa de mi vida tiene ahora mismo el potencial de crecer y convertirse en algo grande?* Poco después de eso me vino este otro pensamiento: *¿Y quién más lo sabe aparte de mí?* Este fue el principio de un estilo de vida marcado por la rendición de cuentas. Decidí entonces que sería mejor exponer mis debilidades temprano a unas cuantas personas que me amaban, antes que correr el riesgo de quedar expuesto de manera pública ante gente a la que no le importo en absoluto.

En esa época no era líder de nada. Mi decisión de buscar a quién rendirle cuentas no era una de liderazgo. Sin embargo, al mirar atrás, esa decisión tuvo un profundo efecto en mi liderazgo.

Como líder de la próxima generación, usted se debe a sí mismo y a los que liderará algún día a fin de identificar y resolver esos dragones bebé que tienen el potencial de crecer y devorarle no solo a usted, sino también a quienes van a poner su confianza en usted. Los líderes que se nieguen a priorizar el desarrollo de su carácter, suelen terminar con organizaciones que también reflejan ese déficit.

Su carácter se refleja en toda decisión que tome y en toda relación que establezca.

Para terminar, me gustaría contar algo que se ha convertido en una rutina en el hogar de los Stanley. Comenzó hace varios años cuando oraba con Andrew a la hora de acostarse. Al final de mis oraciones, decía: «Señor, dale a Andrew sabiduría para saber lo que es bueno y el valor para hacer lo que es bueno, aun cuando sea difícil».

Poco después él también incluyó esa petición en sus oraciones de antes de dormir. Ahora todas las noches a la hora de acostarse, los cinco miembros de nuestra familia le pedimos a Dios que nos dé sabiduría para saber lo que es bueno y el valor para hacer lo que es bueno, aun cuando sea difícil.

El día llegará en que cada uno de mis hijos se enfrentará a un momento decisivo. Será duro hacer lo bueno. Los reyes visibles de sus vidas les asegurarán que la única opción que de verdad tienen es inclinarse y comprometer su carácter.

Quizá en ese momento de decisión su Rey invisible les dé de verdad sabiduría para saber y valor para hacer lo bueno.

PARA SER UN LÍDER EFICIENTE...

■ Debe entender que el carácter no es fundamental para el liderazgo, pero es lo que lo convierte en un líder digno de seguirse. El talento y la decisión determinan su potencial; el carácter determina su legado.

■ Decida hacer lo bueno, aun cuando sea costoso. Mientras más éxito tenga, más difícil será mantener la integridad. Si compromete su carácter en cosas pequeñas al principio del viaje, será más fácil comprometerlo también en las cosas grandes.

■ No se engañe. Muchos líderes se engañan pensando que por sobrevivir pequeñas indiscreciones también sobrevivirán con éxito las grandes que faltan por llegar. La historia nos dice que lo que más lejos llega es la verdad.

■ No viole nunca los principios de Dios para ganar ni mantener la bendición de Dios. Lo que gane por su cuenta se verá obligado a protegerlo y manejarlo solo.

■ Recuerde, su carácter siempre se muestra. Modela sus reacciones, actitudes y prioridades. Asimismo, su carácter modela la experiencia de los que decidan emprender el viaje con usted, y por lo tanto, determinará quién se queda firme en su esquina cuando el viaje se acerca al fin.

DESAFÍO PARA LA PRÓXIMA GENERACIÓN

1. ¿Cuál es su mayor tentación? ¿A quién se lo ha contado?

2. Al pensar dónde se encuentra en lo profesional, comparado con dónde quiere estar, ¿qué o quién se interpone en su camino?

3. A la luz de esos obstáculos, ¿qué atajos se siente más tentado a tomar?

4. ¿Cómo le gustaría que le recordaran?

5. ¿Cuál es su plan?

EPÍLOGO

Por nombramiento divino y misterioso de Dios, usted ha sido bendecido con la habilidad de captar la atención y de influir en la dirección de otros. Usted es un líder.

Esta capacidad de influir y movilizar es un don. Sin embargo, es un don que le llega en estado bruto. Igual que la música o el arte, el liderazgo se tiene que desarrollar si es que se quiere usar de forma eficaz. Como ocurre en el desarrollo de toda habilidad o talento, debe comenzar por lo esencial. Los cinco principios que he analizado en este libro son los elementos esenciales del liderazgo de la próxima generación.

Así que debe descubrir sus puntos fuertes, actuar según ellos y delegar sus debilidades. Tiene que ser valiente y claro en medio de la incertidumbre. Tiene que encontrar un entrenador de liderazgo. Y a lo largo del camino es bien fundamental mantener el carácter.

Si acepta y hace suyos estos cinco elementos esenciales, obtendrá la base que necesita para profundizar las oportunidades que Dios le pone en el camino. Con solo obviar uno solo de los cinco, empleará una cantidad desmesurada de energía sin que se note mucho avance. Si alguna vez ha manejado sobre el hielo, ya sabe que los caballos de fuerza no sirven de nada sin tracción. Estos cinco elementos esenciales le proporcionarán la tracción necesaria para llevar al máximo su potencial de liderazgo.

Al embarcarse en su búsqueda por darle forma al futuro, recuerde que tras su liderazgo se halla la próxima cosecha de líderes de la próxima generación. Se les localiza con facilidad. Le recordarán a usted mismo cuando tenía su edad. Serán los que hagan las preguntas. Serán los que influyan. En algunos casos serán los que causen problemas. Sin embargo, lo más importante de todo es que son responsabilidad suya.

Los puede pasar por alto o simplemente soportar. O puede hacer por ellos lo que otros han hecho por usted. Les puede dar lo que otros le dieron a usted. Oportunidad. Información. Aliento. Esperanza.

No olvide nunca que su legado no quedará definido solo por las organizaciones que lidere ni los productos que desarrolle. Su legado se verá reflejado en las vidas de las personas en las que influya y en los líderes que sigan sus pasos. Estos afortunados individuos caminarán durante algún tiempo a la sombra de sus talentos y habilidades. Sus vidas llevarán su firma.

Jesús nos aseguró que a quien se le ha confiado mucho, se le exigirá mucho[32]. Como líder, a usted le confiaron mucho. Como líder de la próxima generación, se le ha dado la habilidad para forjar el futuro.

Para otros recursos de Andy Stanley, comuníquese con:

North Point Resources
4350 North Point Parkway
Alpharetta, Georgia 30022
866-866-5621
www.northpoint.org

Al editor y al autor les gustaría escuchar sus comentarios sobre este libro.
Por favor, comuníquese con nosotros en:
www.multnomah.net/nextgeneration

NOTAS

1. John Maxwell mide la eficiencia de un líder en una escala del uno al diez, siendo el número diez el líder perfecto. Observa que los números diez atraen a los ochos y a los nueves. Un líder siete atraerá a cincos y a seis. Un líder muy seguro es capaz de llegar a atraer en ocasiones a líderes con habilidades de liderazgo superiores.

2. Stephen R. Covey, *The 7 Habits of Highly Effective People* [Los siete hábitos de las personas altamente eficientes], Simon and Schuster, Nueva York, 1989, p. 171.

3. La iglesia esperaba que Cristo regresara en cualquier momento. Por consiguiente, los creyentes ponían en común sus recursos a fin de ayudarse unos a otros mientras esperaban. Hechos 4:35 nos dice que los apóstoles tenían la responsabilidad de distribuir el dinero según las necesidades de los que se añadían cada día a la iglesia.

4. La iglesia primitiva estaba formada en su mayoría por judíos. Había dos ramas: los judíos nacionales y los helenistas. Los helenistas nacieron fuera de Israel y su orientación cultural era más griega. Estos judíos helenistas se acababan de trasladar a Jerusalén o habían acudido allí para celebrar el día de Pentecostés, y después decidieron quedarse allí debido a que se daba por sentado que Cristo regresaría en cualquier momento.

5. Véanse Hechos 8 y Hechos 21:8.

6. Richard Koch, *The 80/20 Principle* [El principio 80/20], Currency/Doubleday, Nueva York, 1998, p. 4.

7. La habilidad de distinguir entre cosas que nos apasionan y capacidades fundamentales es algo esencial en su desarrollo

como líder. A veces nos resulta difícil distinguir entre ambas. Hay cosas que nos encanta hacer y para las que no somos buenos ni lo seremos nunca. Yo preferiría tocar el piano en vez de escribir. Al igual que mucha otra gente, me encanta la música, pero sería absurdo que dedicara mi vida a convertirme en un músico profesional. Es importante saber cuáles de nuestras pasiones no están en sintonía con nuestras habilidades naturales.

8. Covey, *The 7 Habits of Highly Effective People*, p. 171.

9. James M. Kouzes y Barry Z. Posner, *The Leadership Challenge* [El reto del liderazgo], Jossey-Bass, S.A., San Francisco, 1978, p. 48.

10. Max De Pree, *Leadership Jazz* [El liderazgo con estilo de jazz], Doubleday, Nueva York, 1992, p. 144.

11. Warren Bennis y Burt Nanus, *Leaders* [Líderes], Harper Perennial, Nueva York, 1985, p. 76.

12. 1 Samuel 18:6-7.

13. 1 Samuel 18:3-4. Al darle a David su manto y sus armas, Jonatán le prometía sus posesiones y protección.

14. 1 Samuel 18:9.

15. Mike Nappa, *The Courage to Be Christian* [El valor de ser cristiano], Howard Pub., West Monroe, Louisiana, 2001, p. 81.

16. Jim Collins, *Good to Great* [De bueno a excelente], Nueva York, HarperCollins, 2001, pp. 139-40.

17. Al Ries, *Focus* [Enfoque], Harper Bussines, Nueva York, 1996, p. 78.

18. Peter M. Senge, *The Fifth Discipline* [La quinta disciplina], Currency/Doubleday, Nueva York, 1990, p. 155.

19. Forma parte de una charla dada en 2000 Catalyst Conference [Conferencia catalizadora] de Atlanta, Georgia.

20. Collins, *Good to Great*, p. 89.

21. Covey, *The 7 Habits of Highly Effective People*, p. 99.

22. Kouzes y Posner, *The Leadership Challenge*, s. p.

23. «Reyes, the Real Force Behind Agassi» [Reyes, la verdadera fuerza detrás de Agassi], SportsLine.com, informe telegrafiado, 13 de febrero de 2001, Las Vegas.

24. Le agradezco a mi buen amigo Fran Lamatina sus valiosas ideas.

25. James C. Hunter, *The Servant* [El siervo], Prima Publishing, Roseville, California, 1998, p. 32.

26. Kouzes y Posner, *The Leadership Challenge*, p. 16.

27. *Ibídem*, p. 17.

28. James M. Kouzes y Barry Z. Posner, *Credibility* [Credibilidad], Jossey-Bass, S.A., San Francisco, 1993, p. 5.

29. C.S. Lewis, *The Case for Christianity* [El caso por el cristianismo], Macmillan Publishers, Nueva York, 1943, p. 5.

30. Daniel 3:1-6.

31. Daniel 3:19.

32. Lucas 12:48.